小さな贈り物

傷ついたこころにより添って

村瀬嘉代子
Kayoko Murase

絵
中井久夫
Hisao Nakai

創元社

Hisao Nakai
July, 1993

目　次

小さな贈り物

傷ついたこころにより添って

小さな贈り物

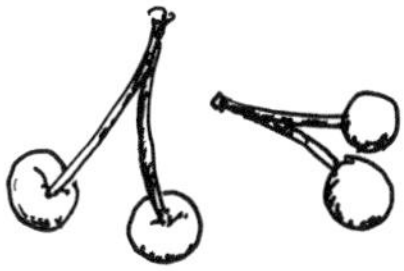

第二次大戦下の疎開先でのこと。父母や姉たちと別れて一人親戚に疎開していた。子どもごころにも、学校生活をはじめ周りの生活になるべく早く溶け込むには、言葉が大切だと方言や訛りになじむように心がけた。暗くなるまで友達と戸外で遊び、真っ黒に日焼けした。「はじめはほんとに都会の子だったのに、嘉代子さんの顔色はビール瓶みたい。（ひどい！）田舎の子どもより田舎の子らしくなった」と近所の人から感嘆とも呆れともつかぬ調子で言われたものである。

　時々、ふと戦争の行方を考えたり、東京にいる両親や姉たちに再会できるのだろうか、もしや大きな空襲があったのでは、と思うと矢も楯もたまらない気持ちが襲ってきた。だが、昨今のようにテレビはもちろんなく、電話も容易に通じない。手紙も、今日なら翌日配達の距離に一週間もかかる、という状況であった。仕方がない、いまはわがままを言えないのだ、と自分に言い聞かせていた。

　小学校四年生には、教室での勉強より作業が多く課せられた。晴天の日には、朝礼が終わるとイナゴ取りが課業である。各自が一二センチ×二〇センチくらいの布袋を持って、水田へ向かう。布袋の口には、捕獲したイナゴをするりと滑り込ませやすいように、そして中に入れたイナゴが逃げ出しにくいように直径三センチ弱の竹筒がついている。布袋にいっぱいイナゴを捕まえたら一日の課業は終わりで、帰宅してよい、ということになっていた。あわててしまった。イナゴを上手に早く捕まえるというのは、訛りや方言を覚えるようにはうまくいかない。農薬などない頃であったから、水田に行けばイナゴは大量に棲息していた。しかし、狙いを定めて手を伸ばしても、とても友達のように機敏にさっと捕まえられない。その上、イナゴの胴体に触れる感触は薄気味悪い。これではいつ袋がいっぱいになるやら。家に帰るのは一人だけ遅くなる、とこころ細くなった。

　空を見上げて一瞬ぼーっとしていると、「あげるわ」と一人の級友が三匹ほどのイナゴを私の袋に滑り込ませてくれた。ついで、「私も」「僕も」と次々に数匹ずつ、級友が自分の捕まえたイナゴを分けてくれた。みるみる私のイナゴ袋は級友のよりも先にいっぱいになった。以後イナゴ取りが課業の日は、いつも級友が助けてくれた。

　生徒たちが捕まえてきたイナゴは大釜で茹《ゆ》でられ、校庭に敷かれた筵《むしろ》の上で天日干しにされた。戦地の兵隊さんへ糧食として送られるのだ、と先生は説明された。

授業時間に行なわれるイナゴ取りのほかに、増産の助けになるようにと、四年生以上は下校後、自宅での堆肥作りが宿題として課された。化学肥料の用い過ぎが問題とされる今日からすれば想像しがたいことだが、当時は化学肥料などなく、文字どおり有機肥料だけだったのである。草を刈り取ってきて、木枠の中に積み上げていき、なるべく背丈高くたくさん作ることが大事だと説明された。

この草刈りも、私には難行であった。一生懸命鎌を動かしても、農家の人々がするようにリズミカルに瞬く間に草をきれいに刈り取っていく、というようには運ばない。私の堆肥は量のふえ方が遅かった。担任の先生が家庭訪問して、各自の堆肥がどれだけできているか見に来られるという。あせっていると、ある日の午後、友達が大勢連れだってやって来た。「一緒に草刈りに行こう」。みなは刈り集めた草を私の堆肥の木枠に入れてくれた。堆肥は一挙に私の肩くらいの高さとなり、申し分ない量になった。

級友の心配りに胸がいっぱいになった。お礼の言葉のほかにも、何か感謝の気持ちを表したい。物のない時代である。おやつはもちろん、工作や手芸用品など、何もなかった。子ども用の本もなく、学校には図書室もなかった。「そうだ、希望する友達にお話をしよう！」

私の住まいと小学校は二キロほど離れていて、確かクラスの中で遠いことでは一、二番目だったと思う。よほどの悪天候でない限り、私の周りを大勢の級友が取り囲み、私の話に耳を傾けながら集団で下校する、ということが始まった。私の住まいに着く前に、友達は道すがら自分の家へ来れば、お話集団から別れて、各自家に帰り着くはずであった。ところが、お話の途中でそれは惜しい、と皆はいったん私の住まいまで一緒に歩き、それからまた引き返していくようになった。中には通学経路が逆方向の友達も混じっていた。自動車などなく、人影まばらな静かな村道は、子どもたちのお話集団がぞろぞろ歩くには何の支障もなかった。

友達が気に入って、リクエストされて繰り返し、ということもあったが、毎日違ったお話をするようにこころがけた。日本昔ばなしやアンデルセン、グリム童話、名作少年少女小説、時には種が切れそうになって、姉たちが一緒に暮らしていた頃、私にわかるようにやさしく翻案しながら読み聞かせくれた芥川龍之介の『鼻』や『芋がゆ』などをうろ覚えの記憶を頼りに取り上げたりもした。

はにかみやの私にとっては、登場するヒーローやヒロインの気持ちを忖度《そんたく》しながら、お話をすることはとても恥ずかしかった。それでも、友達が予想もしなかったほど喜んでくれるのに勇気づけられた。時には聴き手の希望を入れて脚色もした。たとえば、『フランダースの犬』は、貧しい少年ネロが自分の絵が入選したことも知らずに、いつも憧れ仰ぎ見ていた大聖堂のルーベンス描く名画の前で、餓えと寒さのため愛犬と共に命絶えたという結末であるが、「そんな、あんまりやがね」「なんや、悲しいなるわ」というみんなの声があがる。すると私は、少年の死は作者の早合点であった、ネロは眠りから覚め、貧しいながらもその後絵の修行を続け、晴れやかな豊かな心持ちで愛犬と一緒に長生きした、という具合に作り直したりした。

やがて、その日のお話が終わって、友達がそれぞれ家路へ着くとき、物語の結末が幸せだと「よかったあー、サヨナラ」とほっこりした表情で別れられることに気づいた。友達の中にはお父さんやかわいがってくれた叔父さん、お兄さんが出征中の留守家族の人もいた。家族が見通しのない別れた暮らしをし、食べ物も着る物も、そして娯楽も乏しい厳しい戦時下の耐乏生活で、人は誰もが明るくほっと希望をもちたかったのだ……。

私は物語の終わりを幸せなものに作り変えて話すようになっていた。クオレの『母を訪ねて三千里』では、長い旅路をたどってようやく再会できた母親は、病気がほとんど治っていて、思い切り少年を抱きしめてくれた。アンデルセンの『人魚姫』はひとたびは声を失うが、そのこころのやさしさを神さまに認められて、再び声を取り戻すことができた、めでたし、めでたし、という具合であった。

友達が都会の子どもの私を助けようとしてくれた大きな贈り物、私が感謝の気持ちをこめてした小さな贈り物、半世紀以上も昔の、でもそれはいまも鮮やかな懐かしい思い出である。

「いのち」としての言葉

　小学校二年を終えた春休み、疎開児童として、母方の実家へ一人預けられた。戦局が厳しくなり、都会の子どもたちは縁故者を頼って地方の親類知人のもとに、それがない場合は、地方の寺院などへ先生に引率され集団疎開することになったのである。北国へ向かう超満員の夜行列車の中で、もし空襲があれば、東京に残る両親や姉たちと再び会うことはないのでは、という不安が頭をもたげた。だが、そんなことを考えてはいけない、親戚がある自分は集団疎開するみんなより恵まれている、我慢だ、と自分に言い聞かせた。

　母の実家は屋敷を囲む白い土塀の周りを小川が流れていた。塀に沿って欅《けやき》や檜《ひのき》の大木が立ち並び、木の間から白壁の土蔵と茅葺《かやぶ》きの母屋が見える造りである。東京のわが家とは違って、家の中はほの暗く、空気が重くしんと静まり返っている。

　家族は曾祖母、祖父母、それに寡婦になった叔母と、私より年下の一人っ子の従兄の家族、それに執事の青年である。この家の長男、次男、つまり母の弟たちは飛び級をして帝大へ進んだが、白血病と盲腸炎の手遅れで在学中に亡くなった。そこで、叔母が跡を継ぐことになったのである。もともとの跡継ぎを失った祖父母は、何かにつけ、息子たちの想い出を語り、日にいく度となくお線香をあげた。「外孫であっても、この家の子どもというこことで人目があるの、素直にみんなの言うことをきくのよ」。母の表情には必死の想いが浮かんでいた。

母は三泊して、私の持ち物を整理してくれたり、身の回りのことをなるべく一人でできるように、そのほかこまごまと教えてくれた。日常生活の仕方をひととおり教え終えると、母は人気のない奥の離れに私を伴い語った。「村の学校へ行くと、執事の慶作さんについて何か言われるかもしれない。けれど人の言葉に左右されないように。祖父はじめK家の人は執事としてあの人を信頼している。実は、彼は半島（当時は日本領土で、地図は本土と同じ橙色に塗られていた）出身で、京城郊外の農家の一人っ子であった。母親が病死し、父親も病弱で子どもの養育に思いあぐねていたのを、国民学校の校長先生の紹介で、叔母は思い切って自分の養子として入籍し、この家の執事役を果たせるように養育したのである。見てわかるように、彼も期待に見事に応える頼もしい青年になった。田畑や屋敷も彼が一戸を構えるために用意されている。はじめ、周りの人たちは彼の出身について噂したが、旧制実業学校では開校以来の優等生で、かつ見識判断力にすぐれ、人柄もやさしく、次第に誰もが彼に脱帽し、連合青年団の団長をも務めるほど、信望を得るようになった。彼は立派な青年なのだ」と。長身で容貌端正、話し方や身のこなしがきびきびした慶作さんを思い浮かべながら、驚きと、どこか一方でなるほどと思う気持ちで母の言葉を聞いていた。

その日の夕方、明朝には帰京する母のそばに少しでもいようと、母のいるらしい部屋の襖を開けようとして、はっと立ち尽くした。祖母に向かって、母は声を低くして話していた。

「これが通帳です。空襲で私たち夫婦に万が一のことがあったら、これであの子の学費を賄い、嫁がせてください。お願いいたします」

「何を言うの、縁起でもない。それにこんなお金を預からなくても、K家の孫らしく育てられる……」

立ち聞きしようとしたわけではなかったが、私の胸は強く動悸を打ち、あわててその場を離れた。

その夜、母と枕を並べて寝ながら、話したいこと、尋ねたいことがいっぱいあるようでいて、言葉にならなかった。夜通し、目覚めていたように思う。

「みんなの言うことをよくきくから、いい子にしているから」と小声で言い、「みんなと一緒に暮らせる日がくるといい」という言葉は飲み込んだ。そして、母とは淡々と別れた。数日間で、私を取り巻く世界は一変してしまった。

明日から新学期という夜、食器を流し台に運ぶと、慶作さんは洗い物の手を止め、私を真っ直ぐ見つめて言った。「嘉代子さん、学校へ行くと、都会に比べていろいろなことが違っているかもしれません。でも、田舎の人だと思って人を軽く見てはいけませんよ。方言を使うからとか、服装の違いで人を見るのではありませんよ」。私はうなずきながらも、何故か悲しくちょっと悔しかった。そんなことわかってる、とつい思ってしまったのである。

慶作さんは仕事は何でもてきぱきとよくこなした。従兄や私に対して、厳しいけれども反面やさしく、一緒に遊んでもくれた。ハーモニカなどは超絶技巧といっても過言ではないすごい吹き手で、従兄や友達と一緒に聞かせてもらうのが楽しみであった。疎開生活にも次第になじんでいった。

蟬しぐれがしきりのある夕方、慶作さんは昨日竹を切ってきたから、竹細工をしているに違いない、花籠を作るところを見せてもらおう、と気をはやらせてノックするや否や戸を開けた。慶作さんはひらがなでも、カタカナでも、漢字でもない、姉の教科書で眺めたアルファベットでもない、見知らぬ文字の本を一心不乱に読んでいた。慶作さんは厳しい顔になり、本を閉じ、柳ごおりのいちばん底にしまった。見てはならないものを見た思いで、私は茫然としていた。きりりとした、しかし切迫した調子で彼は言った。「いま、見たことのない文字を見たでしょう。使うことを止められていますが、これが私にとっての本当の言葉と文字なのです。言葉は人の命です。いま、私の言うことがわからなくても、いつか必ずわかります。私がこの本を読んでいたことは誰にも絶対言わないでください」。彼は畳に手をついた。その言葉は私を貫いた。誰にも言わない、と答えるのがやっとだった。

木の葉が色づく頃、慶作さんに召集令状がきた。「行って参ります」。叔母が用意した千人針を鉢巻きにし、毅然と敬礼して、門を出て行かれた。私は風邪をこじらせ、肺炎になり、三カ月近く学校を休むことになった。秘密を守ることの重さを抱えながら……。何処とは場所が記されていない戦地から、慶作さんの葉書が二枚、祖父母や叔母への便りと共に届いた。「寂しがらないで。元気な小国民でいるように祈っています」と書かれていた。私は微熱のある頭で、自分の本当の言葉を使わないことは、人間にとって、ひとりぼっちな

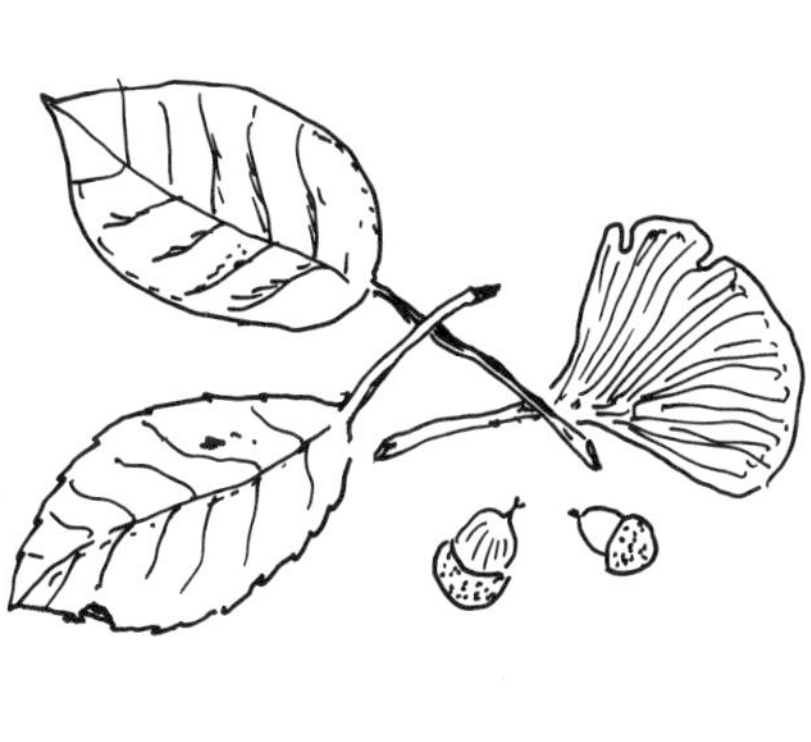

のだろうか、と考えていた。根雪が消える頃、慶作さんの戦死公報が入った……。

終戦となり、家族と一緒に暮らせるようになった。私はあの秘密について黙っていた。いまと違って読む本が少なかった戦後、手当たり次第に乱読していて、アルフォンス・ドーデーの『最後の授業』に出会った。ドイツと国境を接するフランスのある地域で、敗戦によって領土を割譲され、明日から母国語のフランス語に変わってドイツ語を使わなければならない村の、小学校での授業風景を描いた短編である。私には、「今日がフランス語を使える最後の日です」という先生の言葉が、慶作さんと重なって痛切に響いた。

言葉について考えさせられるとき、いつもあの蜩《ひぐらし》の鳴いていた夕べを思い出したが、その約束を私はずっと抱いていた。後年、帰国子女のはしりとして、はじめに英語になじみ、それゆえにこそ日本語を、言葉を大切にしていた亡夫に、私はそのエピソードを話した。静かにうなずく夫の様子に、私は自分の中の何かが少し軽く柔らかになるのを感じた。

言葉を真に大切にすること、それは人の生というものに真摯に対するときの基盤である。祖父母一家はもちろん、村の人たちも級友もやさしくしてくれた。だが、それでも自分の東京弁が何か周りから浮き上がっているように思われ、それにつれて日常身辺生活のいろいろな違いが目新しく興味深くもありつつ、一方では時折それまでの生活から切り離されたような心許なさにかられた私にとって、言葉の意味は感覚のレベルであったが、重く響いていたのである。

呼び名をめぐって

その少年は不機嫌そのものという面持ちで面接室の席についた。両親は離婚係争中で、別居している母親が先に来談して語ったところによると、父親は家庭を顧みず、夫婦は長い苛烈な争いを繰り返してきたという。夫より自分の才能が上回ると自負する母親は夫への失望を一人息子への期待で埋めてきたが、いつしかそれは完全に裏切られた。親権者にはなりたくない、早く籍を別にしないとこのままでは息子の破廉恥な行為の後始末をさせられる、と。かつては神童と呼ばれ周囲の期待を集めた彼も、今は生活は乱れに乱れ補導も度重ねて受けていた。

私の自己紹介のあいさつにもその少年は黙殺の態である。ふと思った。彼の行為にも彼なりの必然性があろう、と。たとえ反発的でも現にわざわざ来談しにきている。遠隔地からよく来訪したとねぎらい、「〇〇さんですね」と名前を確かめてから、「名前といえば、とっぴなようですけれど、小さいころお家の中でニックネームで呼ばれていたことがありますか?」とそっとたずねた。彼はとっさに驚いたという表情になってから、急に素直になり口を開いた。

「ニックネームなんてつけてもらったことありませんでした。ニックネームを子どもにつける家庭とはどんな家庭なんだろう。きっと暖かくて気持ちが通いあっている家庭でしょうね…」

堰を切ったように彼は物心ついてからの心許なかった日々の暮らしについて語り出した。ニックネーム(それもポジティヴな意味を持つ)で子どもを呼ぶのは、彼の想像したとおり、家族間に自然なきずな、細やかな愛着関係があることが基であろう。そのとき身構えていた彼にとって、ニックネームという言葉は、ふっと退行的な緊張を緩める気持ちをもたらしたのであろう。この何気ない一言が契機で彼は素直になり、それが両親にもよい連鎖をもたらして、事態は一応の解決には至った。

さて、家族の世代間境界があいまいになってきたことが一九九〇年ごろより指摘されてきたが、臨床場面で出会う子どものクライエントが、親を名前に君やちゃん付けで呼んでいる場合が時折見られるようになった。よき保護や権威のモデルとしての親と言うより、何やら友達ふうである。親は子どもを理解していると言うより、面倒なことは避けて妙に許容的、物分かりがよすぎる、という印象を否めないことがしばしばある。

まことに名前の呼び方は状況に応じてさまざまな意味を持つことになる。臨床場面では、個別に即して考えていかねばならない。例えば多くの場合、心理療法では、クライエントはセラピストを先生、○○先生と呼び、それが自然とみなされている。だが、なかには何とか適切な距離を維持して、依存し過ぎず、かつ自尊心を保ちたい思春期のクライエントが「先生と呼ぶべきだろうが、オレのプライドを保ちたい、甘えすぎないように距離を持ちたいから、さん付けで」と、しばらくはさん付けで話すことがある。また、ようやく両親以外の人々とつながりを持ち始めている自閉症の小学生が安心できる担任の先生やセラピストには、名前を呼び捨てにすることから始める、という場合もある。もちろん、治療過程の展開につれてそれらは変容していき、社会化された方向へ向かうのではあるが…。

過日、矯正研修所の奥平所長から、ある女子刑務所の所長の方が受刑者をさん付けで呼んだところ「初めて人間扱いされた…」と涙して感謝された、というエピソードをうかがった。受刑者に対して、人として遇する。しかし、一方では毅然として、事の理非については確固とした態度を維持する。これには真のバランス感覚を持って対処することが求められよう。

一見ささいなことのように思われるかもしれないが、呼び方には人間観や事への基本姿勢が反映されている。人を大切に思う気持ちを基盤として、目前の相手にとって必要なことは何か、という的確な認識、これらが総合されて、状況にふさわしい呼び方が選択されるのであろう。

音楽は長さでしょうか

各地を仕事で訪ねることが多い。だが、ほとんどは空港かあるいは駅から会場へ直行し、用事を終えると最終便で日帰りの帰京、ということが多く、いわゆる観光とは縁がない。しかし、発着便の疎《まば》らな空港に降り立って澄んだ空気を吸い込んだ瞬間、あるいは車を降りて移動するわずかな道すがら、路肩を流れるせせらぎの音を聞いたりする束の間、ほっとして日々の慌ただしさに流されかけている自分が、こころなしかよみがえるような心地がする。東京ではこうはいかない。ささやかな歓びである。

去年の秋、長崎を訪ねた折、二時間あまりの自由時間ができた。広島と並んで被爆した都市であり、遠藤周作の『沈黙』の舞台であり、多くの人々が信ずる道に従ってかつて殉教されたところである。

そうだ、浦上天主堂へ行こう。

天主堂へ向かう坂を登り詰めると、聖堂手前の花壇を前に原子爆弾を被爆した聖者の像が建ち並んでいる。石像が焼けただれ、ある聖者のお首はない。思わず息を呑んで佇む。

聖堂の中は建立当時の面影を管理復元している由で、正面のキリスト像にはちょうど午前の陽光が後光のように照り輝き、その上の青色を基調としたステンドグラスのマリア像が静謐に美しく浮かび上がっている。生きながらえて信仰を伝えるためにその信仰を秘さねばならぬ苦しさ、背信の悲しみや無力感をやさしく受けとめてくれる聖母への切々とした思いが、気高く慈悲深い聖母を自分たちの守護者にいただくことを強く願わしめたのであろう。

聖堂内は後部座席の後ろに綱が張られ、見学者は後ろの通路を通るようになっている。したがって、正面の右横の小聖堂におられる、かつて高さ二メートルに及び、美しさとやさしさのゆえに人々に親しまれ愛されたという、原爆で焼け残った「無原罪の聖母」を見ることはできない。

記念の絵葉書を求めようとして、傍らの「被爆のマリアに捧げる賛歌——長崎から世界へ捧げる平和のメッセージ」というCDが目にとまった。レーベルには被爆して傷ついた「聖母像」のお顔がある。その賛歌を聴きたい、と堂番の高齢の信者に差し出した。

「あの、これは一曲しか入ってないんですよ」

「はい、結構です」

「でも、一曲で短いですよ」（きっと、後で苦情を言った観光客があったのだろうと推察された。）

「ええ、いただきたいのです。音楽は長さで決まるのでしょうか？」

堂番の方ははっとした表情で「音楽は長さでしょうか……、うーん」としばし考えられ、突如「貴女はこの奥の小聖堂に入られて結構です。どうぞごゆっくり」と言われた。

小聖堂のガラスケースの中に、聖母像のお顔はあった。右頬は黒く焼けただれ、かつては静かに光沢を放っていたであろう木彫りのそれは、全体に傷つき褪色《たいしょく》している。角度からして、はるか遠く天を仰ぎ見ておられたであろう両の瞳は焼け落ちてない。この聖母は宗教の如何を問わず、いや、信仰の有無を問わず、かつて人類が経験したことのない原爆によって、生命と人としての尊厳を奪われた多くの人々と共に受難されたのだ。傷つき、不運に出会って苦しむ人々に対して、その傍らにあろうとされているのだと想われた。

小聖堂には、私ひとり。あの被爆直前に、六日後に迫った聖母の大祝日を迎えるこころの準備として、日々の生活での過ちやこころから許しを願って、神の許しを得る「告解」のために、多くの信徒が通ってきていて、二人の神父がその大切な務めを果たしておられたのだという。聖母のお顔を仰ぎ見ながら、私は日々の自分のあり様を振り返っていた。こころが洗われるようなひとときであった。

「ありがとうございました」

「どうでした、御感想は」

「はい、一言では申し上げられません。本当にありがとうございました」

「そうでしょう、そうでしょうとも」

帰京後、時折、あのときのＣＤを聴く。この上なく透き通った、清らかな、気高い音楽。日頃の喧噪からふと立ち止まって自ずと省みる気持ちになっている。

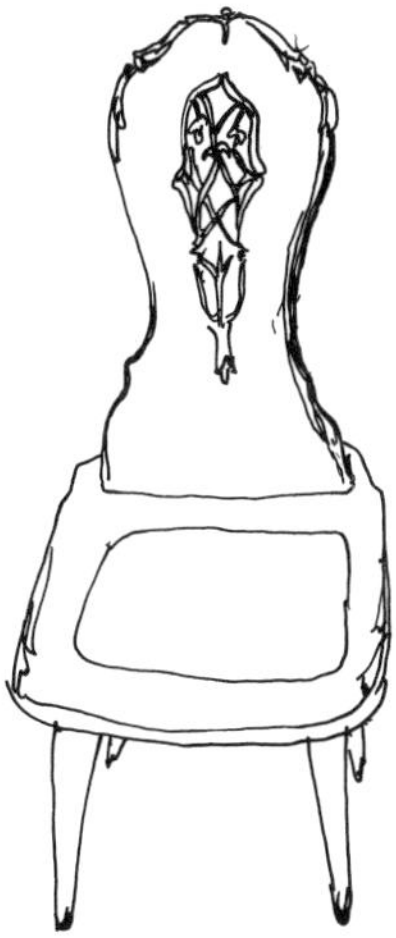

鳴りやまぬ楽の音、鳴りやまぬ拍手

それは二〇〇一年七月一七日サントリー大ホールでの夕べ、ピアニストの梯剛之《かけはしたけし》がファビオ・ルイージ指揮のNHK交響楽団とモーツァルトのピアノ協奏曲ニ短調K466を演奏するというプログラムである。私の席は前から三列目ほぼ中央。二〇〇〇余の席はすべて埋め尽くされていた。かつて、盲人の梯氏がN響と初協演するのをテレビで聴いたとき、司会の壇ふみさんが「N響のビオラ奏者でいらっしゃる梯剛之さんのお父さまも、今日こうして協演できて感無量の面持ちでいらっしゃいます。何だか団員のみなさまがPTAみたいに見守る雰囲気で……」とコメントしていたのが思い出された。当日の客席にはPTAというか、何かしら暖かい、包むような思いを込めた期待が漂っていたように感じられた。

指揮者のファビオ・ルイージはパンフレットによると一九五九年イタリア生まれ、ドイツ、オーストリア作品を得意とし、ウィーン国立歌劇場をはじめ世界一流の歌劇場で新演出上演の初日を任される折り紙つきの実力者で、近年国際的活躍著しい、という。写真によると知的で端正、研究者ふうである。

長身のルイージ氏にエスコートされてピアニストの登場である。梯氏は深く会釈されてから慎重に椅子の位置を決め、そっと一瞬、触れることなく鍵盤を確かめられる。客席は無言の期待に包まれる。

第一楽章、独奏ピアノとオーケストラの対話によって、劇的な表現が展開される。梯氏の音は澄んでいて、深く、力強い。音楽による対話とはかくなるものか、と聴衆はぐいぐいと引き入れられていく。

第二楽章、前半部分のメロディはかつてフランス映画『短くも美しく燃え』のテーマ音楽にもなった。曲は変ロ長調で、やわらかく天へ向かって甘美に歌いあげるような雰囲気から、突如ト短調のフォルテで緊迫感の後半部分へと変わる。こころの底に響き、そして何か高みへと誘われる心地になっていく。

第三楽章、ロンド・ソナタ形式。ピアノ独奏による上昇する分散和音で激しく始まり、ニ長調のコーダで明るさというか救いを感じさせて終わる。この曲のカデンツァはベートーヴェンが後に書き、多くのピアニストはそれを弾くが、ピアニストが自身で創案して弾く場合もあるという。当夜は梯氏自身のカデンツァであった。それが不自然に際だたず、曲にしっくりと溶け込んでいた。

ルイージ氏の指揮は格段に絶妙であった。色彩感ある輝くようなそれでいて、この曲の一種独特なデモーニッシュな思索的要素、こころの内奥への問いかけと高い彼方へ向かって祈りを捧げるような、そんな精神的要素を遺憾なく引き出す指揮であった。

はじめはどこか独奏者を暖かく気遣う気配もあった楽団員は、第一楽章の半ばあたりからピアノとの対話に全身全霊を傾けるという方向へと転じていった。オペラグラスを通して見ていると、楽団員の表情の変化がこれまた劇的であった。演奏を通して思索を深める、そしてその過程をすがすがしさを感じつつ歓ぶ、という様子が率直に現れていた。

終わって、文字どおり万雷の拍手、スタンディングオベーション！　梯氏は四回も舞台に呼び戻された。しかも通例の場合とは異なって、拍手はピアニストが登場回数を重ねるごとに大きく激しくなっていった。オーケストラとの協演で、しかも後にも演目が控えている場合、異例のことではなかろうか。エスコートするルイージ氏の物腰がまた素晴らしかった。梯氏に対するこまやかな、しかしさりげない気遣い（通常、ピアノ独奏会の場合は、梯氏の母上が肩を貸して登場される）。ついに、ルイージ氏が梯氏に耳打ちし、アンコール曲が弾かれた。個人リサイタルではない、交響楽団の独奏者として迎えられ、プログラムの途中に独奏者がアンコールに応えて演奏するのは稀なことではなかろうか。「こうして、みなさまに私の音楽を聴いていただけて、本当にありがたく思います」と挨拶されて、リストの小品が弾かれた。鍵盤の上を幅広く手が交差する技巧の確かさは言わずもがな、聴く者が問いかけられるような内面性のある演奏であった。満ち足りた至福といってよい空気が、あたりを包んだ。静かな密度の濃いスタンディングオベーション！　コンサートマスターはじめ数人の団員が目頭を拭われている！

第二部のブルックナーの交響曲第七番ホ長調も本来の曲の特質、オーケストラの音、指揮者ぶりが一体となった、聴き手を魅了しつくすものであった。パステルグレーの燕尾服がこの上なくぴたりと身についたルイージ氏は五回も舞台に呼び戻され、ようやく最後は楽団員が立ち上がって、大幅に終演時間が延びた当夜の幕が下りた。浄福の極みという思いで私は席を立った。あたりの誰もがみな同じ感動の面持ちであった。

時として気持ちが萎えかけるとき、私の胸の奥底に当夜のピアノとオーケストラの音が鳴り響き、雲間から一条の陽光が射す心地になるのである。

逝く人からの贈りもの

晩秋の日没は文字どおり釣瓶《つるべ》落とし。西の空は刻一刻と色を変えていく。オレンジ色に輝いていた雲がみるみるグレーを含んだ色に移っていき、樹の梢と隣家の屋根がシルエットとして黒く浮かび上がってくる。雲間から輝いていた入り日の光が薄れ、それも没するのは間近。その落日の瞬間を見るのが辛いような心持ちで、病床の夫に「雨戸を閉めましょうね」と振り返る。「いや。もう少し開けておいて」。陽の光は厚い雲の影に消えるとき、一瞬明るく輝き、そして、すっとあたりは闇に包まれた。

「ありがとう、きれいだった」。息切れの下から、時を惜しみ、慈しむように夫は言った。いま、在ることを静かに感謝し、日めくりをそっとめくるような生活。特発性間質性肺炎、特異なかたちと診断されていた。幼少時から病弱ではあったが、それは消化器系の病で、呼吸器疾患になるとは思いがけないことだった。

最初の入院時から、夫は内外の文献を読み、病の転帰の次第、低い生存率を胸に納めていた。発病から五年目の日。「五年以上の生存者は二〇パーセントとある……」「だから長生きして、この病気もこんなになって、例になりましょうよ」「養生のための努力はする。でもお任せ、という気持ちで、闘病という言葉は自分になじまない。病を抱えてどう生きるか」と夫は穏やかな表情で言った。

その二年前から、「この肺の状態で、この酸素飽和度で、どうしてこれだけ生活できておられるか、不思議です」と言う主治医の言葉。過労を避け、だが、生活気分はさりげなく楽しくありたい、管理された療養生活の色は和らげたい、と私は思った。夫は、大教室の講義はともかく、大学院生のゼミは模様替えした自宅で行なうようにした。

外へ行けないぶん、家庭を外に向かって開こう、と私は思い立った。同じ領域ばかりでなく異なる専門領域の方々、知人の子どもさんたち、時にはこの世に居場所を見出せないで辛い思いをしている青少年の人々、私が幼児期からかかわってきた自閉症の青年たち、わが家の食卓は社会に向かって開いた小さな「出島」だった。

四度目の退院時、「癌のように、残り時間の予測はできない。ふと咳き込んでそのままということも。長くて六カ月、たぶんもっと短い……」と主治医に告げられた。記録を付けて、外来へは私が出かけ、主治医は往診してくださった。「お変わりありませんか」「はい、おかげさまで」。症状はさまざまに下降線をたどり、時に激しい呼吸困難が訪れたが、淡々としたやりとりが交わされた。

体力と折り合いをつけながら原稿に手を入れたり、ファックスで論文指導した。苦しい息づかいの下から語る若い方の就職推薦文を、私がワープロで打ち出した。卒業生一人ひとりにお祝いの挨拶カードを出すのはどうだろうか、私が代筆しようと思いついた。「思っていたけれど負担だと遠慮していた。同じことを考えるんだね。ありがとう」。一人ひとりの思いが込められた卒業生からの色紙が届いた。就職が決まったという報せ、結婚の報せ、知人からの復職したとの報せ、人さまの幸せをわがことのように素直に夫は喜んだ。

やがて、食事をはじめ、すべてを手助けするようになっても、愚痴や苦痛を訴えることなく、体力の衰えに連れて、筆記具は万年筆から水性ボールペン、最後は2Bの鉛筆と工夫し、一つの動作もゆっくりと分解して行なった。

食事も一時間半近くかかるようになった。家族は、なるべく枕もとで夕食を共にするように心がけた。「わが家の食事は正式の晩餐会のようだ。二時間もかけて……」とユーモアで楽しみを見出すようにした。

「人生で時間を自分のためだけに使えるのは、幸せだとも言える」。酸素吸入と利尿剤服薬以外、手だてのない「その時」を待つ生活に、不安を抱く私の心中を察して、「こうして自宅にいられることは最高。一生を振り返って、いまがいちばん大切に世話されている。贅沢《ぜいたく》なありがたい日々だよ」と静かに労ってくれた。

亡くなる当日の朝、抱きかかえながら散髪すると、手鏡を見て満足げであった。

その午後、「お加減は」「おかげさまで」と、静かなやりとりのいつもの往診風景であった。主治医を駅に見送り、でも、何故か気がかりで、私はもう一度帰宅した。「専攻課程の新入学生歓迎会でしょ、君がいなくちゃ。行ってらっしゃい。ご苦労さま」。最後に聴いた夫の言葉であった。夫は音楽ビデオを観ていて呼吸不全に陥った。私は救急車の中で、いつもそうしていたようにそっと夫に触れていた。

「足るを知って、感謝すること」

逝く日を待つ日々に、夫から静かに贈られたいまの私の指針である。

一枚の官製葉書

時は一九六〇年代、新採用の家庭裁判所調査官補として、非行事件の調査に携わって三カ月あまりのある日、私の目は新たに配点された分厚い事件記録に釘付けになった。「住所不定、氏名不詳（黙秘）、窃盗、傷害」その上「余罪多数、別件追送予定」と付記され、審判期日は一〇日後と迫っている。検察官送致相当との意見が警察と検察庁により付されていた。特別少年院を退院後間もなくである、との本人の申述箇所が見えた。

これは難しい、と周りの先輩に年少少年事件や女子非行事件数件と交換してくださいと申し出たが、「苦労してみるのはよい勉強」と異口同音に言われるばかり。不安でいっぱいになった。まず、記録を一読し、少年に会おうと即日少年鑑別所へ出かけた。

教官に伴われて、大柄で筋骨たくましく色浅黒い少年が現れた。睥睨《へいげい》するような目でこちらを眺めてから、「暑い」とシャツのボタンを外して前をはだけた。威嚇的である。本来だと、名前を呼びかけ確かめて、自己紹介し面接を始めるのだが、名前は判らない。さて、と一瞬考えようとする間に「僕が恐いのですね」と彼が言った。コンマ一秒くらいの瞬間、私は考えた。（落ち着いた態度で彼の言葉を否定する。役割に沿ったしかるべき科白を言う。いや、現実の自分は困惑している……、率直になる……。）

私は黙って頷いてしまった。「そうでしょう、それが自然です」妙に穏やかな落ち着いた声で彼は答えた。「僕の実名はKです。父は幼時に亡くなり、母の行方は不明です。小学校入学前から親戚を転々としました。ひもじさから駄菓子を万引きし、やることは次第に大きくなり、教護院、初等、中等、特別少年院、と施設暮らしが長かったです。遠いO市に叔母がいるはずですが、迷惑をかけたので連絡しても無駄です。調査には生育歴とかいろいろ要りますが、O市の児童相談所に問い合わせると、僕の小さいときからの記録があるはずです」彼は非行事実についても、余罪についても、素直に話した。いく度か面接を重ねると、彼は罪を引き受ける気持ちを深め、自分は刑事裁判を受けるのがふさわしい、と述べた。

裁判官に次第を話した。本来なら刑事処分相当という事件であったろうが、「Kと矯正教育の可能性を信じる」と、再び特別少年院送致の決定がなされた。叔母には連絡したが、「かかわりたくない」と警察電話を通して返答してきた。審判が終わると、手錠をかけられたKは私を凝視してから黙礼して退廷していった。

翌年、研修生となり、一年の在京生活を送ることとなった私は、ある日、一枚の官製葉書を受け取った。Kからである。「これまで、施設で、便りを出す機会を与えられても、教護院以来一度も便りを出さなかった。一人っきりで、人間不信だったので。今回、生まれてはじめて便りを出したいという気持ちが生じた。……後は精進したい」と簡潔に記されていた。

私との官製葉書のやりとりが八カ月間続いた。さらりと励ましの文を書くには、小さく見える葉書のスペースは広すぎる。私は甘くなり過ぎずしかし余韻を伝えたいと、余白に和紙で季節感のある貼り絵をした。

「成績良好で、退院一週間前です。葉書ありがとうございました。今後も先生へ葉書を出したいと思いましたが、葉書が出せる人を、自分を信じてくれる人を世の中で見つけていく努力をすることが僕の課題だと考えました。お元気で」と出立の覚悟が記されていた。新緑が萌え立つ季節であった。その後偶然、彼が定職に就き真面目に暮らしている、と人づてに聞いた。

昨今では、携帯やメールなどツールは豊富で、活用次第で予想だにしなかった利便性を享受できる。だが、いまも葉書の小さなスペースを活かして、相手のこころに届くメッセージを贈ることを、状況や目的に応じて大切にしたい、と私は考えている。

山中康裕先生という方を存じ上げて

時代の流れがめまぐるしく見える昨今、一九七〇年代の出来事といえば昔のこと、と一般には思われるかもしれない。だが、山中先生という方がいらっしゃることを知ったそのことは、非常に鮮烈で、つい先刻のことのように感じられる。

当時、自閉症への理解は行動主義一辺倒のアプローチや自閉症社会環境成因説が趨勢を占めていた。自閉症児のこころに添おう、というような姿勢は非科学的として、排除される気配が濃厚であった。専業主婦に徹するつもりでいた私が、お誘いを受けて仕事に復帰して数年経た頃であったろうか。さまざまなクライエントの中に自閉症と診断名がつけられた子どもたちに、文字どおり模索するような想いでかかわっていた。彼らは、固く無表情に見え、常同行為（手をひらひら動かすとか、ビニール紐を飽かず振っているなど、同じ行為を続けるなど）にふけり、一見とりつく島がないかのようである。しかし、彼らはその内面に、深い恐れと孤絶感を抱いており、その子どもに合った出会えるチャンネル（かかわりの契機、これは一人ひとり違う！）を見出し、その子どもとその家族、さらには地域や学校環境を考慮して、行動の成長を促す工夫をする——薬物の助けも状態によっては必要だが——、そして、治療教育のチームワークを作っていくこと、これが現実的に必要で、可能なことと私は経験上考えていた。けれども、自閉症の子どもは非常に繊細微妙な感受性をもつ、その子独自のチャンネルに出会うとそこから展開の糸口が始まる、などと言うと、一笑に付されることがあった。臆病な私は、専業主婦に戻ろうとした。ところが、亡夫は「私欲をもたずに、事実を見つめ、それに添った工夫をすること。少なくとも五年続ければ、ことの次第は明らかになってくるはず」と励ましてくれた。

そんな経緯を経て、山中康裕先生の書かれた論文「幼児自閉症の分裂病論およびその治療への試み」（笠原嘉編『分裂病の精神病理』東京大学出版会、一九七六）に出会ったのである。まさしくひそかに経験してきたことが理論化されている。「やっぱりそうだ！」内心快哉を叫んだ。ある席で講演を終えられた先生に、読後感をお伝えした。「ほんと！　嬉しいなあ」大きな声で先生は破顔一笑された。この論文は今日読んでも内容は新鮮で刺激的である。存在の基盤に怯えを抱く、過敏で容易に世界を信じられない自閉症児に、いかにして安堵感を贈るか、関係の糸を紡ぎだしていくかについて、普遍の要諦が述べられている。

しかし、この論文は自閉症の親を批判するもの、と一部の人々に誤解された。そんな一義的なことは書かれていないことは、全文を読めば明らかなのに……。子どもの精神保健の展開にとって、否、こころにかかわる臨床にとって不幸な出来事であった。

その後、現実に役立つ臨床の発展を志向される精神科医の方々が、児童精神科臨床研究会を五年間継続して開催された。当時としては画期的な試みであったと言えよう。世話人の一人として、私も先生とご一緒させていただいた。先生の発表された治療技法や精神発達論は新しい地平を拓くものであったが、そういう知的所産はもちろんのこと、先生のお人柄に感じ入ることしばしばであった。その研究会の席上、ある大家が「乳児に人格はあるのかね、胎児にこころがあるのかね」とアグレッシブな調子で発言された。一瞬、座は困惑を伴った雰囲気が漂った。小林登氏や諸外国の研究もすでに発表され、胎生期からの関係性の重要性については認識されはじめていたのであるが、誰もが発言をためらった。そのとき、山中先生はすっくと立ち上がって、明晰に毅然と応えられたのである。その状況ではかなり勇気の要ることであった。

その研究会では、日中の発表が終了した後も、深更まで討論を続けるのが常であった。午前四時頃であったろうか。先生のお部屋の前を通るとドアが開いており、抜き刷りの山を前に、机に向かっていらっしゃる先生と視線があった。「これ、中井久夫先生の書かれたもの。今度、本になさるように、僕が編集しているのです。楽しい仕事だから、これから朝まで続けても大丈夫です」と先生はにっこりされた。純粋な少年のような笑顔であった。『中井久夫著作集』（岩崎学術出版社）はこうして生まれたのである。

先生は超ご多忙の中で、人への暖かい心配りをこまやかになさる方である。夫を見送った私をお気遣いくださってのことであろう。さりげなくご自宅へお招きくださり、ご夫妻で散策へ誘ってくださった。よく手入れされた緑に包まれたお家の外観、画家の奥さまとご一緒に飾られた屋内、審美的で全体が美術館のようなたたずまいであった。散歩の道すがらうかがった古代史についてのお話とせせらぎの瀬音。日常の喧噪の中でささくれ立ちかけていた気分に、しっとりと潤いが戻ってきた……。

山中先生は繊細を極める鋭い感性、硬質の知性、無常を凝視される老賢者、少年のような純粋さと潔さ、格段の審美眼、そして碩学でいらっしゃり…と、とあげればきりのない特質をおもちの方である。私はそうしたさまざまな先生の特質の基低音に、モーツァルトの世界に似通った透徹した寂の世界を聴くのである。

あのとき、論文を通して先生に出会わなかったら、私は引退していたことであろう。先生、これからもいっそうお元気で、実り多い善き日々をお過ごしくださいますように。

掌《てのひら》に文字を綴る——重複聴覚障害者の心理臨床に携わるようになって

ある人がヘレン・ケラーに「聞こえないことと見えないことのいずれかの障害を選ぶとしたら、どちらですか」と尋ねたところ（この問い自体、何と酷いことか）、たちどころに「見えないほうです」と彼女は答えたという。そう、聴覚障害とは、外からはそれとはわかりにくいが、コミュニケーション障害なのである。人として、コミュニケーションに困難さをもつことは、極めて深刻な条件である。

一九九五年の第一六回日本心理臨床学会の自主シンポジウム「聴覚障害者の心理臨床」で、指定討論者をと若い心理臨床家の方々から依頼された。それまでの心理的援助活動の中で聴覚障害をもつ方に出会った経験はあるものの、それは私の専門とするところではない。僭越《せんえつ》なことだからと固辞したが、実は課題が山積している領域なのに、臨床家の間でも関心が乏しく研究会をしても人の集まりがはかばかしくない、とのこと。では、少しでも聴衆集めのお役に立てればと、その一回のみのつもりでお引き受けした。

その回の報告内容は、私を釘付けにした。北海道内の全精神病院の長期入院者で「統合失調症」と診断されていた人々のうち、二八名もが実は聴覚障害者で、聞こえの障害でコミュニケーションがとれないことを自閉的、現実からの孤立と誤診されていたこと。天皇の行幸時に手振り身振りの異形のふるまいをする者が目についていては失礼にあたると、精神病院に一時の予定で入院させられたAさんは、家族は手話を解さず、家庭や近隣で孤立していたのも手伝い、厄介払いでそのまま二五年間、教育も中断したまま過ごさせられたこと。彼の間歇《かんけつ》的な激しい暴力は「時間を返せ」という痛切な怒りの爆発であること。ここ数年前までは、聾学校では手話は禁じられ、唇の動きを見て理解し、自分では十分聞こえずとも発声の練習をして話す、口話法を会得すべく、生徒はそれこそ大変な努力を強いられる教育を受けてきたが、口話法は社会に出て、現実の集団場面では十分機能しえないこと。したがって、就職、そのほか社会参加がはかばかしくなく、二次障害として、精神的問題が生じる場合が少なくないこと。さらに、「手話」と言っても「日本語対応手話（NHKの手話ニュースで使用されている日本語の文法に則った表現、日本語を獲得後に失聴した人や健聴者が学ぶにはわかりやすい）」と「日本手話（先天性か乳幼児期に失聴した聴覚障害者が独自に自分たちで通じ合うのに用いてきた身振り）」とがあり、手話を会得したつもりでも、実は聴覚障害者とのコミュニケーション・チャンネルは個別的であること。そのほか諸々……。

非力な私ではあるが、「このまま立ち去るの?」と内心に呟きの声が聞こえた。本務の傍ら、細々とかかわりを続け、一九九九年にわが国ではこの領域ではじめての専門書『聴覚障害者の心理臨床』(日本評論社)を編んだ。小さな本ではあったが、執筆者らの実践に裏打ちされた真摯な思索によって読者層を広げることができた。さらに、聾学校で口話と並んで手話を取り入れ、子どもたちのコミュニケーション・チャンネルをより豊かで確かなものにする方向にささやかながら影響を及ぼしえたようである。

この編著がもとで、重複聴覚障害者の施設へ心理的援助者としてかかわることを依頼され、三年余になる。六〇名余の中高年の入所者は聴覚障害に加え、八割余が知的障害を、そのほか肢体不自由、視覚障害、精神疾患などをもっていた。加えて家族生活に恵まれず、虐待を受けたり、就学時にいじめられたという経験をもつ人も多い。十数名の人々が向精神薬の投薬を受けている。何かこの世の苦難のるつぼを思わせられる。昨今、カウンセリングや心理療法の専門書は氾濫しているが、この領域は未開の原野が目前に広がっていると言っても過言ではなく、私と若い同僚、大学院生はあれこれ遅々とした模索を続けている。

私は、燃え尽き症候群になりかけの職員へのサポートや、担当している入所者へのかかわり方についてのコンサルテーション、さらに家族の方々のご相談を主に担当しているが、中には筆談が可能であったり、視覚聴覚に障害をもつ方で、掌の文字を読み取ってくださる方などが私と個別に話したい、と希望される場合がある。時間をはじめ諸々の制約があり、一回の面接で何らかの意義を見出すことが暗に要求されることも通常のカウンセリングとはやや異なり、集中力と役に立つ情報の提供が必須である。

Y子さん（六五歳）が面接を希望された。出生時にすでに聴力がなく、一〇代半ばに中心性網膜萎縮症が始まり、二〇歳で視力も失われたという。しかし、努力して獲得した「話す」力は維持されていて、高ぶった発声や発音のずれで聴き取る側の努力は要るものの、掌のひらがなを読み取られるので、一対一のやりとりは可能である。努力家で、目が見えないのに縫製班でぞうきんのミシンがけをされている。

「何故、こんな重複障害を自分は担わねばならないのか、自分は悪いことをしていないのに……。日常生活も多くを人の手を借りなければ進まない。家族にも親族にも恵まれない。でも、不安や心配事を言っては忙しい施設職員にすまないと、思うことを口にしたことはなかった。ずっと我慢をしてきた一生だった。四人きょうだいのうち、健康なのは一人だけ。だから頼ったら負担になると思って何も連絡しない。向こうもめったに連絡してこない。人の世話になることしかない自分のような障害者、それも重複障害者の老人は恥ずかしい存在、生きている意味がない……」

大要このようなことを、いじめられたり蔑まれた辛い体験を織り交ぜて、時に感情をあふれさせながら切々と話される。

文字どおり言葉を失う想いで、そっと手を取っていた。でも、孤独に耐え、不自由を受け止めようと努力しつづけ、今日まで生きてこられたこと自体、私には頭《こうべ》を垂れる想いがする。私はその旨、伝わりやすいように言葉を選んでゆっくりY子さんの掌に綴った。

「ほんと、こころからそう思ってくれるのね」

Y子さんは少し表情が和らいで、手探りでミシンがけするコツを話してくださった。それはある意味で、オートクチュールの縫子さんに決してひけをとらないことではなかろうか、と私には思われた。

「え！　ほんと、そんなふうに考えるの！」

ふと、話題は否定的一色から一転して、「お母さんは、なんとか聞こえるようにならないかと、貧しい暮らしの中で、子どもの私をあちこちの耳鼻科へ連れて行ってくれた。耳鼻科へ行く途中に手を繋いだあの感覚を思い出した。お母さん、一生懸命になってくれていたんだ」と、その状況を懐かしむかのごとく、ほっこりと微笑まれた。私とY子さんの握り合う手に自ずと力がこもっていた。一瞬、私は半身が子どものY子さんであるかのような、そしてお母さんでもあるかのような、そこには母親に自分を委ねた柔らかな心持ちと、子を愛おしみ、しかし切ないやるせない想い、懸命の思いが伝わり合うその感覚をおぼろげながら抱いたかに感じた。

「ああ、わかった。私はすることがある。こういう私が生かされていること、指導員や調理の人、そのほかいっぱい、いっぱいの人に生かされている。私には感謝する、ということがある。これから感謝して生きる！　今日はありがとう」

私はY子さんの手を押しいただいていた。

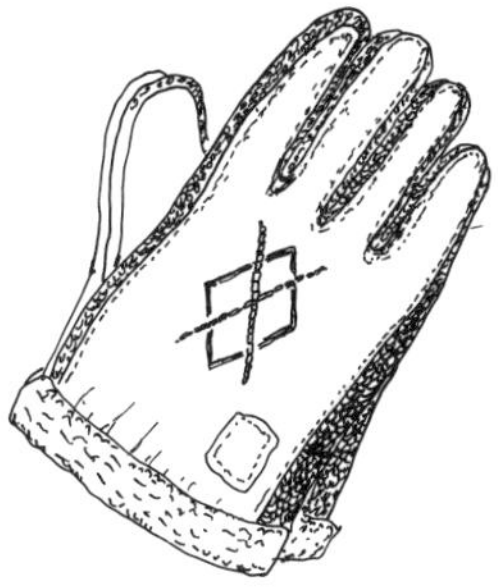

「生」の意味が問われるときに

研究所で私が携わる心理的援助はささやかな営みではあるが、それを通して出会う問題の性質は、その時々の社会の特徴を映し出しており、かつ徐々に単一の理論や技法で対応しきれない困難さを増してきている、と思われる。

すでに二〇年近く前になろうか、当所に来談されるクライエントの方々に次のような傾向が多く見られるようになったことに気づいた。

①二者関係から三者関係へと人間関係が発展する段階で躓《つまず》き、基本的に自分や世界を信じがたい。

②さまざまな治療機関を巡ってもなおかつ、安定した治療関係が形成されていない。

③主訴の背景には、器質的、心理的、かつ社会経済的な諸々の原因が輻輳《ふくそう》しており、単一の理論や技法をもってしては対応が難しい。

そこで、こういう問題に応えるには、責任を負える限りにおいて、クライエントの必要としていることに、柔軟に対応することが求められる。そのためには、的確な見立てをもとに、治療過程の推移につれて変化していくクライエントの必要とすることを、適用可能な限り、さまざまな理論や技法を適時援用し、かつ自分のできること、できないことを見極めつつ、チームワークのもとに治療者は相補的に調和的にかかわること、そして、関係機関と必要に応じて、連絡、連携を行なうように進めてきた。そして、こうした技法的工夫を支える基盤として、治療者の姿勢を一貫して問うてきた。この過程から統合的アプローチが創出されてきたのである。

近年、こうかかわればこのような成長変容過程が生じるという、いわゆる成長モデルでのみ対応できない、生きる意味が本質的に問われる、そういう相談の内容がふえてきた。たとえば、国際結婚をした親が離婚には同意しているが、親権の帰趨が問題となって、子どもが不安状態にあるとき、いずれを親権者に、国籍をどちらに、と意見を求められるという場合。親の病状を知らされ、余命いくばくもないと知った子どもを支えること。事故で亡くなったわが子を悼む親の悲嘆と喪の過程に寄り添うこと。このような重複する障害を担って生きねばならない自分の存在の意味は、と問われて言葉を失い立ち尽くすとき……。阪神淡路大震災後、被害者支援への理解はようやく高まってきたが、一方、加害者の家族の深い自責と悔いの呻吟、今後の重い生を引き受けていくことへの支えも要る……。自分が今日までどう生きてきたのか、「生」にいかに触れ、受け止めているか、その都度根幹から問われる面接場面である。

昨今、物事を本質的に考えることを「暗い」「ださい」と評し、軽いノリをよしとする風潮が世間一般に色濃くあるように見える。だが、本当の明るさ、希望は現実の厳しさをしかと見つめ、それを引き受けて考える営みを経てはじめて、見えてくるものであろう。心理学は科学たらんとして物理学に倣い、価値や意味を考えることに対して、距離をおこうとしてきたきらいがある。しかし、人の生にかかわり、その充実にわずかでも役立ちたい、と考える場合、いわゆる臨床人間学を正面から取り上げることが必要だと思われるのである。

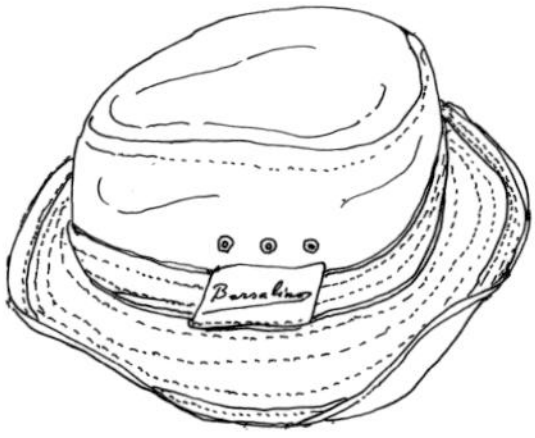

書評『子ども臨床――二一世紀に向けて』

（清水將之著　日本評論社　二〇〇一年）

著者(注)はわが国の児童青年精神医学を、その草創期から今日まで、ご自身の精神科医としての歩みに重ねながら、臨床家、研究者、教育者、そして精神保健行政施策の推進者として地平を拓いて進んでこられた。青年期精神医学を専門領域とし、「青い鳥症候群」など、現象の本質を巧みに言い当てた言葉を生み出した人として、著者を記憶されている人もおありかもしれない。だが、著者の臨床・研究領域は児童青年精神医学が対象とする全領域に及んでいる。少なくとも、直接ご自身が触れられない対象領域であっても、子どもの精神保健にかかわる事柄にはすべて積極的関心をもち、各領域の発展を目指して努力されてきた、と言って過言ではなかろう。

本書において著者は、わが国における子どものこころにかかわる臨床の発展の過程を踏まえて、現時点の実状を明らかにし、次いで、何が二一世紀の課題として問われているかについて統括的に論じている。書名から、子どもの精神病理や治療理論の詳細、治療の技法的工夫を期待する人は、内容を読んでやや意外の感を抱かれるかもしれない。だが、前述したような意図のもとに書かれた書物はこれまでになかった。本書は今後の子どもの臨床のあるべき方向を照らし出す道標と言えよう。

本文を読みはじめる前に、巻末の「日本子ども精神保健史年表」に目を通されることをお勧めしたい。できることなら、これに政治、経済、社会の事項を載せた年表を傍らにおき、比較するのがよいと思われる。時代や社会の推移の影響を、子どもがどのように受けてきたか、明瞭になるであろう。そして、第一章から読みはじめると、子どもの精神保健ということが、時代の推移の中でいつも後回しにされがちであるという、著者の説かれるところが鮮明に伝わり、腑に落ちるであろう。こういう年表はこれまでなかったように思われる。まことに貴重な資料である。

内容の各章は、どれもが一冊の大部の書物になるようなテーマであるが、それを簡潔に要点を記してある。概観してみよう。

「第一章　二一世紀の子どもたちへ」―児童精神医学の歴史をたどりながら、子どもの臨床が、今後発展を要する方向が示されている。

「第二章　被虐待児を治療するということ」―著者自身があすなろ学園で担当された事

例をもとに、チーム医療、子どもの精神保健活動における連携のあり方が具体的に述べられている。

「第三章　予防精神医学からみた不登校」―不登校という現象は、もはや個人の病理にのみ原因を求めて考えるのではなく、学校教育の基本構造、教員の精神保健をも対象として、広く全体的に、かつ深めた対応の必要性が説かれている。

「第四章　子どもの自殺」―さまざまな視点から、子どもの自殺を予防する道を考察するとともに、残された人々へのケアの大切さが指摘されている。

「挿話　被災した人々から教わること」

「第五章　災害と子どものストレス障害」―著者は阪神淡路大震災の後、あすなろ学園長の激職の傍ら、足繁く神戸に赴かれ、被災者の支援活動にあたられた。統計と臨床経験をもとに、災害精神保健という領域の必要性と展望が語られている。

「第六章　子どもに病気の説明を行うこと」―子どもや障害児の親にとって、インフォームド・コンセントはどのようにあることが求められているかについて、何故かこれまでわが国ではあまり論議されてこなかった。本章ではこの問題の重要性が指摘されている。

「第七章　発達という視点で子どもを見る」―子ども臨床において、発達的視点がいかに大切であるか、さまざまな角度から論じられている。

「第八章　児童精神医学の現況」──わが国の児童精神科医療が遭遇している問題点が述べられ、当面の施策の方向と将来への展望が語られている。

本書は、全体状況を俯瞰する姿勢と、子どもに身を添わせる視点とを織り交ぜながら記述されており、子どもの幸せを願う著者の想いが行間から伝わってくる。専門家のみならず、広く一般の人々にもお勧めしたい。

本書は、これからの子ども臨床の世界を進むための新しい地図となるであろう。この地図を手に、子どもの幸せのために何を見出し、構築していくのか、われわれは問いかけられている。

（注）元 三重県立あすなろ学園園長。関西国際大学人間学部教授。日本で最初に思春期のメンタルヘルスを手がけ、以後四〇年間、子どもの精神科臨床を行なってきた。児童思春期臨床において、精神科医や小児科医だけでなく、教育現場、保育、看護、臨床心理など子どもの育ちに関わるすべての職種とフィールドが協力する必要性を訴えて、これらを一括して「子ども臨床」と名づけ、精力的な発信を続けている。

書評『図説　日本の精神保健運動の歩み
――精神病者慈善救治会設立一〇〇年記念』

（日本精神衛生会編　二〇〇二年）

世上、健康な人々はこころの病にまつわる不幸な出来事が報道されたりすると、局外者として論評し、関係者にクリティカルな眼差しを向ける、というスタンスをとる場合が多い。だが、病む可能性をもつ者として、否、人間として各自が精神保健について考え、応分に行動することが大切であることを本書は改めて強く再認させてくれる。

二〇〇二年に「精神病者慈善救治会」（この会はその後変遷を経て、現在の日本精神衛生会に連なっている）が設立一〇〇周年を迎えるのを機に本書は編まれた。秋本波留夫日本精神衛生会会長は、序文で「慈善救治」はヒューマニズムそのものであり、精神保健運動の原点である、と述べておられる。

この「精神病者慈善救治会」設立者、呉秀三氏は監禁を許した精神病者看護法のもと、わが国の精神病者の多くが私宅監置され、患者自身はもとより家族も辛酸をなめていた状況を憂えて、一九一〇年から一九一六年にわたり、一府一四県に私宅監置の実態調査を行なった。この結果は行政と立法府を動かし、一九一九年に精神病院法が成立している。この件に限らず、歴史の大きな転機の前には必ずこうした問題意識と日々の地道な努力があるのだと改めて思い至る。

本文では、明治時代から昭和前半にかけてのわが国の精神保健の歴史的変遷の跡が、貴重な資料、図、写真を豊富に用いて示されている。それに加え文章が簡潔明瞭であるため、「事実」の重みが確かに伝わってくる。精神病に対する社会的認知のあり方が患者のケアに顕著に関連すること、自分がその社会的認知なるものを微少ながらも構成している要素であることに読み手は自ずと気づき、考えさせられることになる。

本書は企画・編集された先生方、資料を今日まで保管されていた関係機関や市井の方々、発行に際し財政的に後援された機関、さらにはこうした関係者を動かすこころ病み傷ついておられる方々、それぞれの立場の方々の力が結集したものである。精神保健運動の歴史を踏まえ、今日これからの展望に繋げるという意図は見事に果たされている。専門家のみならず多くの人々に読んでいただきたい、と切に願う。

内観研究に期待される視点

「内観」という言葉は、二つの意味を含んで用いられてきたように思われる。第一は、いかに生きるか、換言して吉本伊信《よしもといしん》先生の言葉を引けば、死を問いつめる（先生は「とりつめる」と表現されている。それほど真剣な行ないであるということであろう）営み、修養法であり、第二は、心理療法として応用する理論と方法の体系を指している。日本内観学会の足跡は、発足当初から現在までの大会プログラムや学会誌を通読すると、この二つを柱として絶妙に調和、発展を求めてきた、と言えるように思われる。このように修養法である特質とアカデミズムを併せて追究しようとしていることは、他に類を見ない内観学会の特徴であろう。

この両面を併せ追究することは、科学性、実証性、ＥＢＭ（Evidence Based Medicine）などの質を高く求めようとするとき、時に矛盾を孕《はら》み、バランスある両立維持は難しい課題だと考えられた節もある。しかし内観研究はさまざまに分化して積み重ねられてきた。内観体験前と体験後についての内観者の内面的並びに社会適応的状態像の変化について、内観者本人の申述や記述のほかに、さまざまな測定尺度を用いての変容度の調査研究や予後追跡調査がなされ、さらに、内観のもつ特質、その方法や構造について、他の心理療法との比較や実存哲学的、社会学的、文化人類学的手法などを援用しつつ、さまざまな観点から議論が展開されてきた。だが、これらの研究の展開をたどりながら、何かしらある疑問が私には拭えなかった。それは、修養法としても、心理療法としても、内観を行なうとき、面接者に求められる要因について、「内観をしようとされるその意図、姿勢を尊重する」と、クライエント中心療法の説くところと通底する、内観者に対する絶対的尊重は説かれているが、それは理念として説かれるに止まり、その実現に必要な要因についてつまびらかな検討がなされていないということである。確かに面接者が内観者に向かって敬意をもって接することの強調は、他の心理療法に比較して希有で貴重なことではあるものの、内観面接者に会うことが内観者にどう体験されているのか、その体験のされ方と内観の進展のあり方とがどのように関連しているのか、ひいては内観面接者が面接中体験していることと、内観者に求められる要因などについて、掘り下げた考察がほとんどなされてこなかったと思われる。

かつて、この点を生前の村瀬（孝雄）に尋ねると、やや戸惑いを含んで「それは言及しないことになっている」ということであった。私財を擲《なげう》ち、まさに全存在をかけて内観の発展と普及に努められた吉本伊信先生の存在の大きさと、先生が「一度集中内観を体験した人なら内観面接を行なえる」、そして「集中内観を体験して後の日常内観継続が大切」と説かれたことを想起して、そのとき、私にはその答えの意味することが汲み取れた。ただし、今後は内観の両側面の意義を認めて吉本伊信先生のご意志を継承しようと志すほかに、内観面接者として期待される要因について詳細な検討を行なうことが、修養法としても、心理療法としても、内観法が発展し、さらに広く受け入れられるためには、必要不可欠ではないかと考えられる。

EBMとNBM、そして個別と普遍

緩和ケアやターミナル医療に直接かかわった経験があるわけでもない私が、サイコオンコロジー学会の会員になったのは、昨年一四回総会で晴天の霹靂《へきれき》とでも言うべく、僭越《せんえつ》ながら教育講演をする機会をいただいたことが契機である。子どもと家族の心理臨床を主たる対象としてきて、振り返ってみると、腫瘍を病むということが、当の患者ばかりでなく、家族の生活に大きな影響を及ぼしていることを改めて再認した。罹病経験は当事者としての病苦ばかりでなく、家族にとっても心理的・社会経済的に大きな試練である。家族の発病という事態によって、それまで顕在化しなかったその家族の心理的問題が表面化し、それが患者の療養意欲に影を落とす場合もあれば、中には危難を契機に家族が絆を回復し、子どもの精神的成長の要因ともなりうる場合がある。そこで、こういう側面から学ばせていただこうと入会したのである。

今回はプログラムの半分ほどをフロアで拝聴し、あとはレジュメを見た範囲でのことだが、サイコオンコロジーとは極めて総合的な領域であり、次元を異にするさまざまな視点と理論、技法が必要とされており、かつそれらの理論や技法の基底にどのような人間観をもつかがすぐれて厳しく問われる領域なのだ、と改めて思われた。

昨今、とみに臨床疫学的方法に基づくＥＢＭ（Evidence Based Medicine)、すなわち根拠に基づく医療が注目され、最新の科学的な臨床的根拠を提供し、個々の患者のケアを決定する際に役立てようと主張されるようになっている。一方、実際の臨床の場面では、個々人の疾患や障害をめぐる決定は、統計的データのみによってなされるのではなく、個人差やそれぞれの事情をもつ患者の個別ニードに沿って、相互会話を通して行なわれていく（そうあることをほとんどの患者は望んでいるであろう)。そこで必要になってくるのが患者や医療者の「語り」であり、「真に聴く」という姿勢であろう。現実場面では、ＥＢＭとＮＢＭ（Narrative Based Medicine）の両者のバランスを適切にとること、統合的姿勢が重要であり、それを如何にとるかという具体例を時にあげての斉藤清二先生のお話は示唆深く、感じ入って拝聴した。臨床の基本の方向をお話しくださったと思われる。

また、私も指定討論者として参加させていただいたSpiritual Painに関する事例検討会では、村田久行先生より人の精神が高みの世界へ向かって飛翔していく可能性をご教示いただき、示唆されるところ大であった。ただ、現実の臨床においては、大きく自己の徳性を損なったり、顕著な自傷的行為でない限り、その患者個々のあり方の必然性に対して、どこまで尊敬の気持ちをもって、そのあり方に添いうるかが問われているのだ、と思われたことである。家族や大切に想う人と別れることへの深い哀惜、打ち込んでいる仕事を中断せざるをえない無念、抱き続けてきた夢が夢に終わる寂しさ、そうしたさまざまな思いを昇華せず、懊悩の中にあることも人の生のあり方であろう。個々の病む人々の傍らに、為すことではない、そっとその人への敬意をもって在ることが求められているのではなかろうか。個別と普遍、この関連をその状況に即応して考えることが必要なのでは、と思う。

子どものこころに出会う

はじめに

子どもたちの行動上の問題を指摘し、憂慮する声が世上かまびすしい。子どもは変わってしまった。わからない、と口にされる大人の表情には、時に被害的な、あるいはあからさまな否定的感情が滲み出ていることすらある。確かに、子どもをめぐって学校や、家庭、街頭で生じている現象は、即行的な激しい攻撃行動、倫理観の欠如を思わせる、そして自分を大切にしない異性関係のあり方、はたまた、シンナーを超えて一気に覚醒剤に親しむなど、いずれも深刻である。大人たちは何か、自信を失い、子どもへの信頼感を薄れかけさせているように思われる。

確かに、小学校低学年や幼稚園においてすら、授業崩壊とでも言うような騒然としたまとまりや調和を欠く状況が生じていることや、予想もしなかった行動化に走る子どもが、平素はいかにもそれらしく荒れているわけでもなく、勉強もほどほどにしておとなしくすら見えていた、ということもあり、大人は戸惑わされる。

私が出会う臨床場面で直接受ける相談や、教育、医療、福祉関係などの研究会で検討されるクライエントの中に、情緒の変動が激しく、たちどころに言葉より行動に走るという傾向が顕著になってきた。また一方、著しく無気力となり、ひきこもりを長期にわたって続け、将来への展望をもてないでいる青年も確かにふえてきた。

しかし、彼らのこころの琴線に触れると、そのこころの底には、人に受け入れられて、自分の力を相応に発揮したい、そんな自分を他者に認められて分かち合って生きていきたい、という願いがひそかに息づいているのに出会う。もちろん、子どものこころを理解するには、事実に基づいて考えていかねばならない。子どもの行動の表面に現れた様相は変わってきてはいるが、こころの底の本質の部分は変質していない。ただし、その本質に出会うには、根気と緻密さ、工夫が求められる。子どもに対するとき、はじめから疑いや不気味感を抱いていては、子どものこころには出会いにくいのではあるまいか。

どうしてそれくらいのことに容易に激するのか、あるいは人の気持ちや立場への思いやりは乏しいのに、自分のことに関しては敏感で、何故それほど傷つきやすいのか、おとなしい（と見える）生徒が何故、簡単にキレるのかなど、一見大人が戸惑わさせられる子どもの行動の背景、対応について考えてみよう。

時代の転換期が問いかけること、不透明な見通し

高度に発達した文明は、予想もしなかった利便性を私たちにもたらした。ところが一方、文明の利便性を享受することは、ややもすると人間の自分本位な傾向を強め、他者の立場や気持ちを忖度《そんたく》する感受性を鈍くするかもしれない。

指定の分量の材料を入れ、調理器具の目盛りに合わせて、時間通りにセットすれば、一応標準のお料理は出来上がる。確かに便利ではある。けれど火加減と時間の関係、材料と調理器具の形や材質を考えながら調理を進めるのは、失敗もあるが、対象に応じて、どうかかわるかというセンスが自ずと養われるかもしれない。こういう何気ない物への対応の仕方を通して、対象を的確に観察し、それにふさわしくふるまうという姿勢が培われていくわけである。

いまでは、カブトムシやクワガタはスーパーマーケットでお金を払えば容易に手に入る。

だが、あのあたりにカブトムシがいるのでは、と狙いをつけ、目指す樹下へ朽ちた木の葉が積もる上を、足音を忍ばせて近づき、やっとその虫を捕まえるという感動は味わえない。さらに、カブトムシの棲息場所や生態について、実地に見て考えるという過程を体験しがたいとも言える。人間のこころが成長していくには、物事や人とのさまざまなかかわりを通して、対象への距離のとり方や相手の立場や気持ちに想いを巡らせるという経験を積む過程が大切なのに、昨今はこの過程を通して学んでいくという機会が薄れていると言えよう。高度の機械文明は、便利で快適な生活を用意してくれるが、反面、人の感受性、共感性を損なう面もあるのではなかろうか。知らず知らずに自分中心の感じ方、考え方が育ちやすい土壌であると言えよう。文明の利便性を享受しながらも、それによって失われがちなもののあることに注目し、そこを補うことが必要になってくる。

さらには、右上がり一直線の経済成長神話が揺らぎ、昨今は先行きの不透明感、閉塞感がある。また、二〇世紀において、平和思想や人権思想が人類史上これほど語られたことはないであろうと思われる一方、かつて、これほど大規模の戦争や大量の殺戮が行なわれたこともなかったであろう。地球上、戦闘が絶えたことはない。理念と現実の乖離、大きな問題である。

子どもの潜在可能性を信じる

子どもの病理性や家族の解体がしきりに指摘されるが、はたしてそれだけであろうか。私は次の世代を担う子どもたちが実際にどう考えているか、その声をじかに聞きたいと考え、一九八八年時に会話が可能な保育園児から小学生、中学生、高校生、合計四六四人に一人ひとり面接調査を行なった。

「これからの人間の暮らしに必要なものは何か。家族というものをどう考えているか。自分が大人になるということをどのように捉えているか」という主旨の十数個の質問を、自然な会話のやりとりの中に織り込んで尋ねていくやり方であり、就学前の子どもたちには質問内容が挿絵になるような熊の絵カードを用いた（次頁図参照）。対象は社会的・経済的にこの世の縮図になるような都内の公立保育園園児、および公立小学校、中学校、高校の生徒である。さらに、同じ保育園、小学校、中学校を対象にほぼ一〇年間の間隔をおき、一九九九年から二〇〇〇年にかけて同じ内容の調査面接を行なった。「新聞や専門書などで大人が子どもについて論評しているけれども、今日は子ども自身がどう思っているか、率直に子どもの意見を聴かせてほしい」と尋ねると、「えー、そんなこと、言われたこと

①誰にほめられている？

②誰から叱られている？

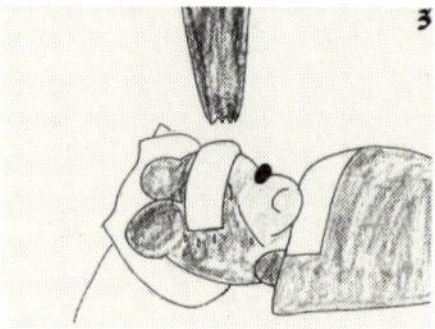

③病気のとき、誰が側にいてくれる？

④ケーキを１個あげるとしたら誰にあげる？

⑤プレゼントを買ってきてくれるのは誰？

⑥夜寝るときおやすみなさいしてくれるのは誰？

⑦一緒に遊んでくれたり、お話してくれるのは誰？

⑧いじめられた時、助けてくれるのは誰？

⑨一緒にお風呂に入るのは誰？

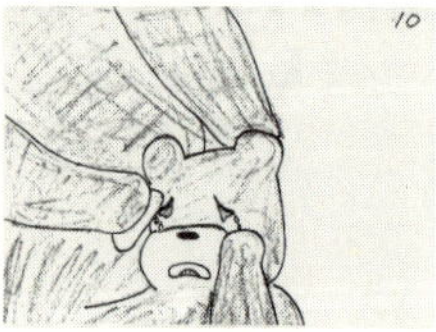

⑩悲しい時、慰めてくれるのは誰？

ないよ」と一瞬戸惑いを見せた子どもたちだが、どの子も熱心に真剣に答えてくれた。

この調査の詳細は別に譲るが、(注1)ポイントの一つは子どもたちが一九八八年から一九九〇年当時もそして現在も、いい意味で保守的な考えをもっていることである。〝人間の存在にとって、いちばん基本的なものは家族である。家族の関係が生きていく上でいちばんの拠り所であって、それがきちんとしていると気持ちが生き生きと元気になる〟と異口同音に語った。さらに、次のような質問をしてみた。「地球の裏側で起こっていることが衛星放送で同時にわかるような時代になって、私たちはどこかしら万能感を抱きがちである。ややもすると素直に感謝する気持ちとか自分の努力しても及ばないあるいは自分の力ではまだまだわからないことがあるという謙虚さをもって、自ずと頭を垂れるという気持ちになりにくくなっているかもしれない。また、他者の身に添って考えることが薄れるかもしれない。こういう傾向はこれから強くなるだろうか、こういう点についてどう思うか」とそれぞれの子どもたちにわかるような表現をこころがけながら問いかけた。ほとんどの子どもたちから〝そうなる恐れが多分にあるが、そうなってはいやだ。なってはいけない。そうならないように、そのことをこころに留めておきたい〟というような意味の言葉が返ってきた。

そして、面接を終わろうとすると、ほとんどの子どもたちが一〇年前も今回も「ありがとうございました」と挨拶し、カードの片づけを手伝ってくれたのである。「自分の気持ちが整理できた」「あれから考え深くなったようなような気がする」「自分について考えるようなり、ためになるみたい」などの感想が多く寄せられた。虚心に耳を傾ける相手に出会うと、子どもたちは真摯に考えるのだということを、この調査経験を通じて痛感させられた。子どもがどうあるかということは、大人自身の生き方を投影しているのだという認識を私たち大人はもち、子どもの内に息づいている力をもっと信じるべきだ、と再認させられたことである。

思慮に裏打ちされた感性、不断の努力とコラボレーション

一見、通い合うのが難しく見える子どものこころに出会うには、私たちに何が求められているのであろうか。前節で引用した調査の施行を通して、どの子どもも虚心に聴き入ってもらうのを望んでいることが明らかであった。いくつかの機関での相談歴をもち、紆余曲折を経て将来の方向を見出し、自律的生活を送るようになった青年たちに、心理的援助者に求めることについて尋ねたことがある。(注2) まず、彼らは異口同音にいちばんに「よく聴いてくれる」をあげ、次いで望むことに「待つことができる。試行錯誤を見守ってくれ

る」「一つの課題に少なくとも三つ以上の解決法のヒントを与えてくれる人」「口先ばかりでなく一緒に行動してくれる人」「ユーモアのセンスがある人」などが続いた。

したがって、子どもたちに応えていくには、基本の原理原則、理論は大切にしながらも、一人ひとりの子どもの必要とすることにできるだけ焦点を当て、個別化した、かつ多面的に工夫をこらして具体的なかかわり方をこころがけていくことが意味をもつのではあるまいか。私はかねてから自分の心理的援助活動において、クライエントである子どもや家族との基本的関係を中心にすえながら、その子どもの状態に応じて手作りした教材を用い、プレイセラピー場面で知る喜びや調べる楽しさを共有し、学習への展開を意図したり、今日のさわやか相談員やメンタルフレンドの前身とも言える「治療者的家庭教師」（自宅での生活が閉塞したものになりがちな発達障害児や長期の不登校児に、こころある学生が人生のちょっと先達、きょうだいのような存在でありつつ、学習の援助をする）という方法を考えて活用してきた。その子どもの必要とすることに応えるべく、その都度、責任を負える限度を吟味し、柔軟に工夫しながら進める心理的援助は、つつましくはあるが一種の創造活動と言えよう。

ある「ことばの教室」の教育実践

ここに東京都江戸川区立中小岩小学校の林ナオミ教諭と蝦名千賀教諭による創造的な教育実践の一例を紹介しよう(注3)。

両教諭は「ことばの教室」担当として、難聴児や言葉にまつわる障害をもつ児童の通級による自立活動を中心とした個別指導を実施されてきたが、難聴児が大部分を過ごす在籍学級の児童や担任への理解を図る支援も必要と考えられた。そこで、在籍学級を訪問して「補聴器体験授業」を行なうことで、難聴児が学校生活をよりよく過ごせるようになることを意図されたのである。

まず、「聞こえや補聴器についての学習を通して難聴児への理解を深める」「補聴器の特性を知り、静かな環境作りを考え、実施する」、この二点がねらいとされた。

難聴児の在籍学級での活動は、はじめに生徒各自が耳を塞いで聞こえにくさの疑似体験をしてみる。ここで、聞こえにくいことの不便さのさまざまについて、児童は体験を報告し合う。第二段階では、生徒たちは一人ひとり補聴器に触れたり、実際に着用して体験し、体験結果を報告する。「ざらざらした声に聞こえる」「ゲームセンターみたい」「すごく大

き く聞こえてびっくり」「しゃべっている声が大きく聞こえて、映画館のいちばん前の席で聞いてるみたい」「ガタガタとか、ギャアギャアとかがすごくうるさい」などなど……、補聴器を通して聞くことは予想していたより快適なものではないことが実感として語られる。

次いで、これらの体験をもとに、補聴器を使っている人のためにどんなことに気をつけたらよいか、生徒たちは話し合いを行なって発表する。「うるさくしないようにする」「コショコショ声で話さないようにする」「関係ないおしゃべりを減らす」「どなるような声では話さない」「補聴器をつければよく聞こえると簡単に考えていたが、そうではないことがわかり、補聴器を使っている人の気持ちがわかった」「ザワザワを減らす」など。

生徒たちが経験から導き出してきた考えである。そこで、中古のテニスボール（廃品交換にされるはずのもの）に切れ目を入れて、各自の椅子の脚につけ、立つとき、座るときの騒音を比較してみる。口々に「テニスボールをつけると、立つとき、座るとき、うるさくないので安心しました」との感想が語られる。感想発表の後、障害理解のための絵本や図書の紹介がなされている。

この授業が契機で、はじめは難聴児が在籍するクラスで、次いで、椅子のガタガタする騒音のなさに他のクラスからも希望が出され、全校生徒の椅子の脚に中古のテニスボールが取りつけられた。雑音が減って、落ち着いた雰囲気が校内に生まれ、よい意味での言動のメリハリが生徒に少し生じたようにも見えるという。

かねてから、「ことばの教室」には「プレイルーム」があり、そこには玩具などがあるのを不思議がっていた生徒たちに、この体験学習を契機として、「ことばの教室」の特質、そこに玩具などが必要な理由の説明が担当の教諭からなされた。この説明や先の補聴器を用いての体験学習をもとに綴られた生徒たちの感想文には、素直に真剣にその子どもなりに考えた跡がうかがえ、難聴児がハンディを抱えながら努力していることに気づいて、敬意と思いやりが多く述べられている。一方、発達的には次のような特徴が見られた。

小学校一、二学年：玩具のある「ことばの教室」で僕も遊びたい。

小学校三、四学年：一人だけ親学級から離れて、「ことばの教室」へ行くのはなんだかいや。いつも自分の学級にいたい。

小学校五、六学年：聞こえに障害があるのは大変だ。難聴児はかわいそうだと思う。

全校の学級に訪問授業をした結果をお二人の教諭は次のように総括しておられる。

「難聴児のためにしてあげるのではなく、共に生活し学習する仲間として、みんなが考え学び実践する場としたいと考え、訪問授業を行なってきた。どこの学校・学級でも、子どもたちが補聴器にさわり試し聴きすることで、クラスの一員である難聴児のことをしっかり考え理解してくれるようになった。さらに、クラスの環境づくりは自分たちにもいいこととして受けとめたこと、難聴児自身がまわりに理解されたと素直に思えたこと、学級担任はもちろんのこと、校長、教頭、養護教諭、専科教諭など周辺への理解啓発ができたことも大きな成果である」

さらに続けて、「今後も必要な援助として、継続していきたい。また、言語教室に通級してくる児童への援助としての訪問授業も昨年度から校内通級児を中心に少しずつ行なってきた。しかし、『ことばの教室』への通級児はさまざまな問題を呈しているので、それぞれに対応した訪問授業をいかに組み立てていくかが課題である」と記述されている。

この後半で課題とされていることはなかなかに難しい。「ことばの教室」への通級児が抱える問題はまことにさまざまであり、発達障害などについて、それらをどうほかの生徒へ適切な方法で伝えるかは、障害をどう理解するか、それにどうかかわるか、さらには当事者である生徒やその保護者の意向や立場を考慮すると、慎重かつ緻密な配慮が求められる。こういう場合にはこう説明する、などというマニュアルなどになじむはずもない、すぐれて個別的な熟慮を必要とする事柄である。

両教諭はこうも述懐された。「この訪問授業をしてみて、私たちが真剣に問いかける授業をすると、どの生徒も一生懸命考え、そして理解を深め、人の気持ちをわかろうとするようになるのを目の当たりにします。ほんとにみなよい生徒たちだ。このままこの素直な真剣な気持ちをもちつづけて中学へ行ってほしい。いや、大人になってももちつづけてほしい」。まことに同感である。

前述した、難聴をもつがゆえに「ことばの教室」で学ぶことについての、子どもたちの発達に伴う考え方の変化について、林教諭と蝦名教諭は次のような課題の問いかけをされている。「子どもたちが体験学習の結果を綴った作文には、考え方の成長変容過程が年齢に連れて変わるのが明らかです。小学校低学年は、僕も先生のクラスに行くから遊んでよ、と子どもらしい無邪気さですが、高学年児が、可哀想だと思う、と記述しているのはそういう相手を思う気持ちは尊いながら、可哀想と思うだけでよいのか。こういう点、生徒を教育していく上で、将来に向けていろいろ考えなければならない課題です」。

お二人の先生によるご指摘は深く重い人の生、人のこころのあり方について本質的に考えさせられる問いである。「障害も個性である」「安易な同情はいらない」「障害をもつことで人生の深い意味に気づいた」など、これらの言葉が当事者から生活の積み重ねの中から自ら得心して語られる場合は、確かな必然性をもって深く響いてくる。しかし、障害受容という言葉を、他者が想いを巡らせることもなく軽々しく用いて、障害をもつ当事者にそれを求めたりするのはいかがなものであろうか。障害を受容というように到るより、どう受け止めていくかという日々を生きている人もあろう。人の気持ちは行きつ戻りつする場合もある。このような微妙な点を考えて、障害をもつ人一人ひとりにこころを添えて接するということであろう。こういう体験学習を通してこそ、生徒たちはこのような本質的課題をわが身に引き受けて考えるようになり、こころがより深く柔らかい人へと成長が促されるのであろう。

さて、林教諭、蝦名教諭は教室での実践の経過とその成果を淡々と事実を報告するという形で記述し、語られているが、こういう実践を可能ならしめるには、次のような要因が必要不可欠なのではあるまいか。

①通級による個別指導の実をより実りあるものにという前進的姿勢

②こうした新しい試みの授業を実施するについては、校長や管理職教員、同僚教員の理解、協力が基本的に必要であるが、そのためには不断の教育実践の姿勢が伝わっていることが蓄積されていること、周囲との人間関係を円滑にもつ努力が平素よりなされていること

③当の難聴の生徒が自分に対する理解を周囲がもってほしい、そのために担当の先生がされる教室での指導について納得同意していること

④難聴児の保護者自身が担当の先生に信頼感をもつ

⑤この授業が終了し成果を一応修めれば、それで事足りるとするのでなく、結果を振り返って次の課題を考える姿勢。この実践によってもたらされる予測しないような反応についても、誠実に対応していこうという姿勢

このように列挙すればいずれも当然のことのようであるが、担任生徒やその保護者との信頼関係が醸成されていることをはじめ、こういう営みの基盤には、周囲とよい関係をもつことが必須であり、これは日々の真摯な積み重ねなしには得られないものである。さらに、教材をどう扱うか創意工夫する才覚や準備のための時間とエネルギーを惜しまない覚悟も必要であろう。

おわりに

あえて「こころの時代」とさまざまに言われなければならない難しい時代にあって、子どものこころに出会い、その成長にかかわっていくには、子どもたちの内に息づいている成長可能性を信じ、個別化して複眼の視野で観察し、多面的に考え、かかわる方法を工夫していく、こういうごく普通のことを普通に労を厭わずに積み重ねていくことではなかろ

うか。さまざまな局面でマニュアル化が進んだ時代にあって、こういう営みは容易ではないが創造的でやりがいのあることとも言えるように思われる。

（注1）村瀬嘉代子「子どもの父母・家族像と精神保健―一般児童の家族像の十年間の推移並びにさまざまな臨床群の家族像との比較」児童精神医学とその近接領域、四二巻三号、二〇〇一

（注2）村瀬嘉代子『子どもと大人の心の架け橋―心理療法の原則と過程』金剛出版、一九九五

（注3）第三一回全国公立学校難聴・言語障害教育研究協議会全国大会、研究大会発表収録並びに口頭発表内容、二〇〇二

子どもの成長とこころの拠り所

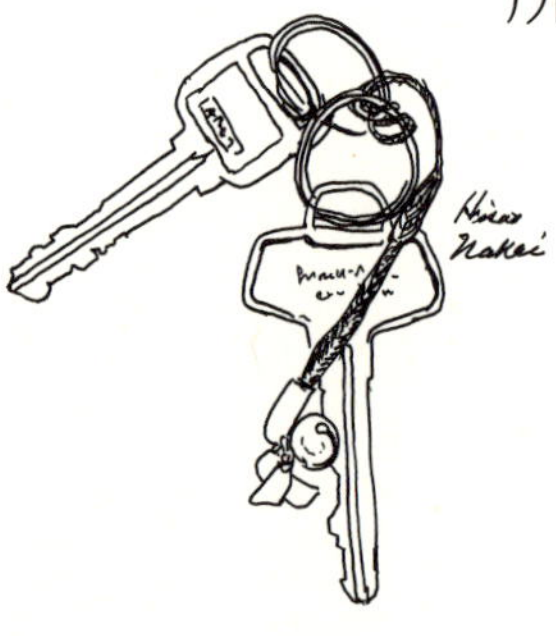

はじめに

今日はどのようなお話をしようかといろいろ考えましたが、職業人としてというより、私が一人の市井の人間として、子どもや家族、つまり人の暮らしにかかわっている中で考えておりますことをお話しさせていただきたいと思います。

家族のイメージ

私は平素大学で講義するほか、いろいろな方のご相談を受けております。精神保健の問題を考えてみますと、親子関係、家族関係が大変大きな意味をもってまいります。家族はなくなっていくとか家族は同性の結婚も認めるべきだとか、百花繚乱のごとき家族論がちょうど一〇年くらい前から話されるようになりました。一九八〇年代の半ば過ぎ、私は子どもたちは大人に何を期待し、また家族に対してどんなイメージをもっているか、次の時代を担う若い人がいったい何を考えているのか、それを虚心に聴いてみたいと、五年ほどかけて合計四六四人、三歳の保育園児から小学生、中学生、高校生、大学生に家族のイメージ、自分の家族ということではなく、「家族とはどういうものだと思いますか」「どういう家族が理想ですか」「自分が大人になったら何を大切にしたいですか」というような内容について調査する機会をもちました。そして一〇年たったいま、同じ地域の子どもたちに再び同じテーマで調査しています。

保育園では画用紙に描いた手描きの絵で日常生活でよくある場面を見せて、「誰が何してもらってるのかな」と訊きました。たとえば「熊ちゃんがいい子いい子されてるけど、誰にかしら」と訊きます。よくほめてくれる人はお母さん熊なのかお父さん熊なのかということが出てくるわけです。

この調査の結果から申しますと、一〇年前はわりと父なるもの、母なるものがはっきりと分化していて、父親はいい意味での権威と保護のモデルで家族に方向づけをするリーダーシップを発揮し、母親はこまやかな気配りをして家族をまとめフォローアップしていくというニュアンスが多かったです。そして現実の家庭生活がそうでなくても、子どもたちは両親が協調して睦み合うことが家族の理想であると答え、大人になること成長することに期待をもっておりました。

同じような調査を一〇年たってやってみますと、基本的にそれほど変わりませんでしたが、病気をしたとき世話をするのは母親だけではなく両親という答えが多かったのが特徴でした。もう一つは猫や犬が人間と同じレベルで捉えられて、悲しいことは猫に言う、辛いことは犬に言う、そのほうがもっとよく聴いてくれると言う子どももいました。これは基本的に人を信じないということではありません。子どもの話をこちらが虚心に大切に聴きたいと思っていると、子どもは素直に話してくれます。見ず知らずの私に自然に自分の悲しいことや辛いことを話したりするのです。こちらがどんなことでも貴重だという気持ちで聴くと、たとえ短い時間でもそれは本当に生きた時間になるのです。そう考えてみますと子どもの中にあるよくありたいという、ふだんは深いこころの井戸の底にあってなかなか現れにくいもの

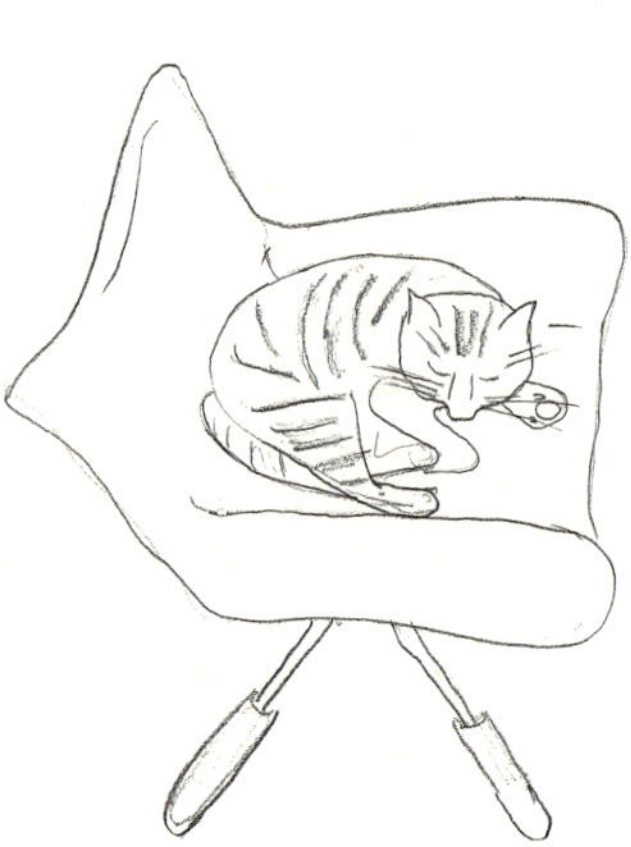

を、私たち大人がよきポンプとして汲みあげることができるか、それが問われているような気がいたします。

私のできること

同じようなことを養護施設の子どもに訊いてみますと、寂しいとき、苦しいとき、「一人だ」「誰にも言わない。結局人は一人だ」と答える子どもが大変多かったのです。施設では子どもが五、六人に職員一人が基本的な人員配置で、現在の少子化の一般家庭とは非常にかけ離れているということにお気づきになると思います。しかも対象となっているのは人間関係に失望し、こころが傷ついている子どもたちです。私は調査が終わって「これでさようなら」と言うにはとても忍びがたく、私にできることは何かないかと思いました。

いまは、大学を出て入社式まで親御さんが付き添う時代です。一方で大変少数ではあっても、養護施設の子どもは、就職すると一五歳で社会に出て一人で生きていかなければなりません。この子たちは、もともとの人生の最初の旅支度がまだ整っていない上に、早く一人旅を始めなければなりません。そういう子どもと一緒に家族のように暮らしているグループホームがあることを知りました。子どもたちは最初は非常にふて腐れていたりするのですけれど、「話す」ことをとても求めています。そこを出て働いている子どもが、普通の家族が夕食する時刻や夜中によくここに電話をかけてきます。話しているうちに「もうちょっと頑張ってみる」と言ったりするのです。

私が何かできるとしたら、スタッフが倒れてしまわないように彼らの手伝いをすることです。本来の職業人としてではなく、掃除や食事を作る手伝いをすれば、忙しいスタッフが子どもを待たせたり、何かをしながら話を聴いたりしないで、静かに真っ直ぐ子どもの顔を見て話を聴いてあげる時間が少しでも多くなるのではないかと思いました。

子どものこころが癒やされ、育つこと

また、養護施設では普通の里親のほかに精神里親という制度があって、子どもは冬休みや春休みに精神里親のもとで暮らせるのですが、その精神里親も見つからない子どもたちがいます。そういう子どもたちをわずかな時間ですが、年一、二回、私の家に招くということを足かけ一〇年ほど続けています。何人かの子どもたちが入れかわり立ちかわり来ておりました。ところが一昨年、私の夫が亡くなりました。葬儀のあと日も浅く、その年は失礼しようかとも思ったのですが、子どもたちが待っていると思ってお招きしました。そ

のとき、お礼の手紙をいただきました。「ご主人のお葬式にほんとは行くべきだと思いながら、クラブ活動があって行きませんでした。お葬式も行かなかった私が、そのままお招きを受けるのは勝手過ぎると思って、行くのをやめようと思ったけれど、でもやっぱり行きたくて行ってしまいました。そうしたらおばさんはいつもと少しも変わらず迎えてくれました。少し小さくなったように見えました。少し寂しかったけれど、でもやっぱり変わらないおばさんと会っていつものように楽しい夏の一日でした。これからもこりないでまた呼んでください」とありました。

「このような文をあの子たちがひとりでに書けるようになったなんて、思いもしなかった」と施設の方がおっしゃるのです。その子たちは肉親から大変屈辱的な仕打ちを受け、どうにでもなれと言っていた子どもたちです。私はこの手紙を見て、子どもたちは長いスパンで考えてあげることが大事なのだということを再認しました。私のかかわりは点にも足らない砂粒くらいのものですが、毎日毎日生活を一緒にしていらっしゃる職員との何気ない日々の営みの積み重ねの中で、子どものこころが癒やされ育っていくということを改めて実感させられました。

市民としてかかわること

人のこころが癒やされ育つということは、実は何気ない普通のあたりまえのことを気負うことなく積み重ねることの上に専門の視点や技法が生きるのであって、賢《さか》しらげに理屈ばかり言うと、人間の精神は観念過剰でいびつになるのではないかと思います。

母親、父親はこうあるべきだという考え方、あるいは教育はこうあるべき、学校はもっとこうあるべきだというような焦点を絞りすぎた議論ではなく、これからの時代は市民が自分の本職を離れて自分のできる範囲の中で、人のこころというものにもう少し関心を向けることが必要ではないかと思います。そして教育機能や養育機能が薄れている家族に一人ひとりの市民が自分のできる範囲でかかわってゆくことが、次の時代のより高次の文化ではないかと私は思っています。

高次の自己実現というのは肘で人を押しのけて前に出るということではなく、周りも生かし、自分も生かすということがいちばん質の高いものではないでしょうか。

パラドックスを生きること

もう一つ、物事というのは矛盾している現実を生きる、つまりパラドックスを生きることだというお話をしたいと思います。

子どもを育てることは片方では保護ということを考えなければなりません。しかしそのことが過干渉にならないように、その子のもっている潜在的な可能性をそがないようにしなければなりません。いったいいま、この子に何をどれくらいするのか、何をどこまで提供するかということを自分の責任の範囲で一人ひとりの大人が考えることが求められています。いまの世の中はマニュアル思考でこうなったらこうなるというような傾向がありますが、現実にはたくさんの思考の軸があるのです。しかもその軸は矛盾していて、ああもこうも言えます。その一つひとつの軸の上で、この子の起点はどこなのかを丁寧に考えるセンスを私たちが取り戻せたとき、子どもにのびやかさを保証しながら、しかも子どもが自分でよく考え、掘り下げることができるような、いい意味での主体性をもたせることができるのではないかと考えております。

人は変わりうること

最後に、私が仕事にこころが萎えたときに思い出す、幼い頃に母親から聞いた話と関連のある日本の名画についてお話ししたいと思います。

一枚は狩野芳崖という人の慈母観音の絵です。私がその絵をじっと見ていますと、母が、これは若いお母さんが子を亡くして悲しんでいるのを、観音さまが自分のところにちゃんと引き取って守っているよ、という絵だと話してくれました。その絵の観音さまの眼差しは、嬰児と離れてはいてもしっかり繋がっていて絆があることを、六歳の私は子どもごころに感じました。信じること、見守られること、ゆだね合うことの原型を、その絵から感じたのです。

もう一枚は千葉のあるお寺にある鬼子母神の絵です。まなじりの吊り上がった女性が、唇から赤い血をたらして両方の手に四人ずつ赤ちゃんを逆さ吊りにして雲の上を歩いているすさまじい絵です。この女は千人の子どもをもちながら人の子を取って食べ、母親たちを苦しめていたのです。お釈迦さまが見兼ねて彼女がいちばんかわいがっていた末っ子を隠してしまいました。するとこの女はたいそう嘆き悲しみました。そこでお釈迦さまは

「おまえは千人子どもがいても、たった一人隠されただけでこんなに苦しんでいる。いままでやってきたことが、どんなことかわかるか」と問われました。すると女は深く後悔したので、お釈迦さまは子どもを返してやりました。それからはこの女は鬼子母神として子育ての神さまになったのだ、と母は話してくれました。

それまで私が読んでいたのは、悪いことをしたら懲らしめられるという勧善懲悪の物語でしたが、子どもながらに、実行はしないけれど私の中にもとんでもないことを想像する可能性があることに気づき、人は誰しも罪を犯す可能性があるのだと、その絵の前で動けなくなりました。

人間の中にある両面性、二面性、しかも罪は許されて人は変わりうることを、子どもごころに暗示的に感じたのでした。

発達支援に求められる学校の役割と心理的支援施設の役割

生きていくための「拠り所」と居場所

最近は、私たちが話していることや考えていることに影響されて、過剰に反応するわりには、人や相手の状況に対する心配りが極めて苦手というような人がふえているのが特徴かと思います。これはただ非難していたり、いきなり叱責したり、矯正しようとしても、発達のプロセスが抜け落ちているわけですから、何歳くらいからそのような課題がうまく解決されないで残っているのかということを考えて、ある意味で精神（こころ）が傷を受けたり、何か滞りが起きたその時期を育ち直すことをしなければなりません。

そこで支えが必要になってきます。これは狭い意味での古典的な、いわゆる言葉を中心

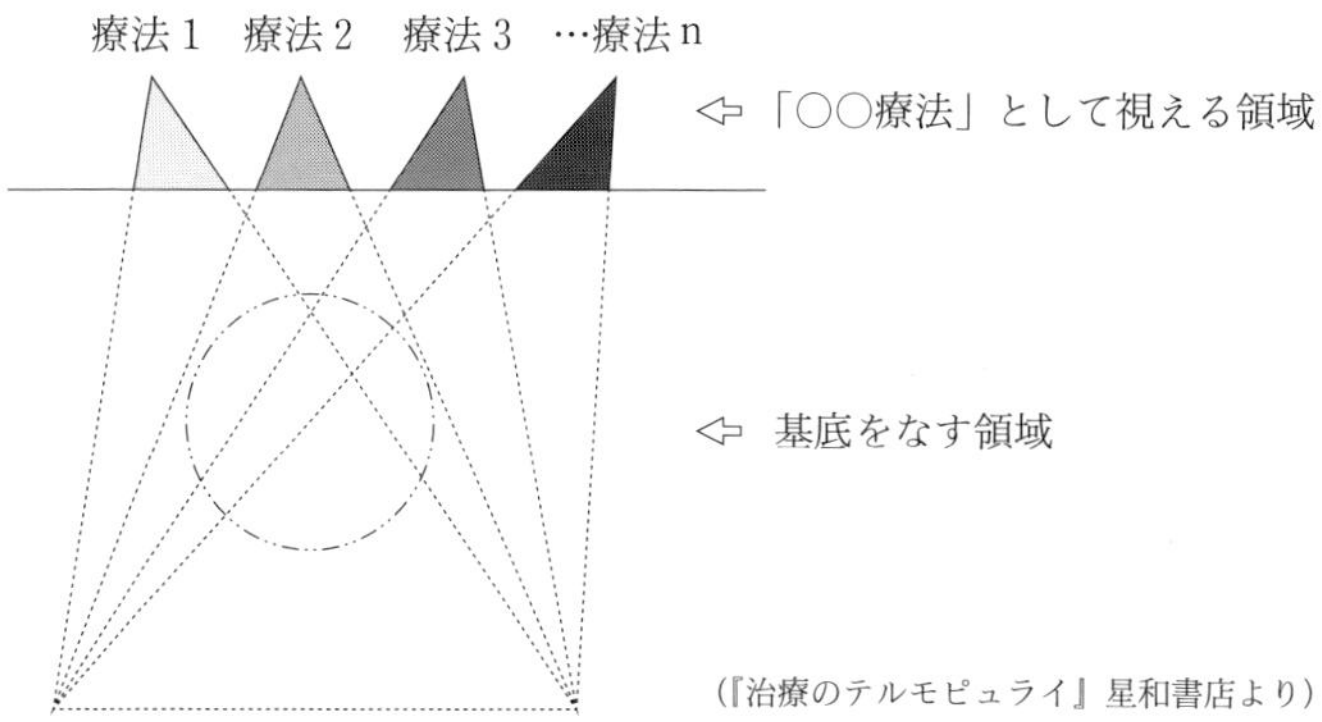

（『治療のテルモピュライ』星和書店より）

としたカウンセリングだけでは十分な効果を発揮しないことが多からです。ですから心理的援助は、いろいろな領域が必要に応じてチームワークを試しながら、その人にかかわることが求められるようになっています。そして、その延長として中間施設があります。その人にとっては就職や、何か目的をもって専攻を超えたような勉強をするにはまだ自分がおぼつかなくて、そこまでパッと行動するには段差が大きすぎるので、段差を埋めてどういうふうに踏み出していったらいいかという、社会に出ていく足慣らしをする経験が必要です。そういう意味で中間施設というものの存在が、非常に求められる時代になってきました。

それでは中間施設に求められる特徴は何かということですが、これについて、精神科医の滝川先生が非常にわかりやすくお書きになった図があります。横に引いてある線の下に丸があって、下のところから三角形がいくつも出て、上に療法1から限りなくあります。世界に精神療法というのは四〇〇くらいあるそうなんです。皮肉な言い方をしますと、良識があって、お互いにきめ細やかな心配りを自然にすることができるという、きちんと営まれている普通の家族の生活があれば、特別な療法がなくても生きていけるのが普通ですが、いまの時代はそれが大変難しいわけです。何々療法と言われている治療法の本質をよくよく考えてみると、少し過激ですけれど、人間としての良識あるふるまいのある部分を抽出し、理論化して、整合性のある系統立てたものとして示したのが何々療法と言っても過言ではないと思われます。

また多少皮肉ですけれども、その線から上に山がいくつか出ており、あえて違いを強調して理論化したのがそれぞれの療法ということですが、人間にとっていちばん必要なものは何だろうかと、根本に立ち返ってみるときに、違いではなくて本質の共通するところに目を向けると、どの心理療法ももとのところはそんなに違っていない、またそんなに違っていては困ると言っても過言ではないでしょう。

そう考えてみますと、先ほどから言いますように、情緒的に育ってくるはじめの部分、はなはだしきは基本的な信頼感もおぼつかない赤ちゃんくらいの気持ちから精神が再生して、そこから少しずつ育ち直ることが必要というような人にかかわるときには、狭い意味での言葉だけのやりとりのみでは十分ではありません。また「これは生きるに値する」

「自分は期待されている存在だ」「ここは何かいいところだ」というふうに生きる希望をもつためには、その人のいまの状況に大切な役立つサービスを、提供する側が自分の責任のとれる範囲でするべきです。責任のとれないことを思いつきで、一時の高ぶった気持ちに駆られて、できもしない過剰な大サービスをして投げ出すということは、相手からするとまたもや見捨てられたという、さらに傷つく経験になりますから、そこはきちんと考えなければなりません。そして複合的にかかわっていくことが必要になってきます。

自分の発見、再生、授業づくりと組織づくり――巣立つための準備期間として

いまから二三年ほど前、精神病院の中には社会的入院と言って、本当は世の中で一人で暮らしていけるくらいに症状は回復しているのに、家族がその人の受け皿になりえない、世の中に拠り所となるものがないために、入院を余儀なくされている人がいました。また退院してから学校に行くのには一歩踏み出せない、長く引きこもっていたために社会的な態度が身についていないというような青年のために、中間施設を作りたいという相談が、精神病院の心理士をしていた卒業生からありました。それでほんの一部ではありますがかかわることになりました。

はじめはマンションの六畳二間を打ち抜いたようなところで、月曜から金曜日まで、一〇代後半でも学力が小学校四年くらいの人がほとんどでしたので、午前中はその人の力に応じた個別の勉強をしました。たとえば、就職するために免許をとろうと思っても、学科試験を受けるための国語の学力がない。それならまず国語を勉強しましょうとなります。人間は現実的な目的に適ったもとで勉強すると、勉強嫌いな人でもある程度根気が続くんですね。

そして、午後は体育ではなくて、運動の時間にしました。家で物を壊したり人に暴力を振るったりして荒れていても、精神的にバランスを欠いている人は、協応動作がうまくいかなくて、自分で自分の体をうまく使えないので、だいたいスポーツは苦手です。精神的なバランスがとれて、気分がいいときにはじめてボールがジャストミートしてテニスが楽しめたり、野球が楽しめます。逆に運動をしていい気持ちだなということによって、精神的なバランスを取り戻すというのも事実です。学校時代体育は苦手で、暴れたりしていたのでずっと見学させられていたとか、引っ込み思案で参加しなかったとかいう人たちなので、「体育」と言うのはやめて、「運動」の時間にしました。自分の体を使うことは楽しいことでいいことだ、とにかく運動してみようということでそういう名前をつけたのです。

しかし、キャッチボールでも私のほうが上手という具合で、最初から普通の規則どおりにするとがっかりすることになるので、この時間専用のルールをつくりました。たとえば、野球をするときはベースの間の距離を縮めたり、ピッチャーはバッターのバットを見つめて、バットに向かって球を投げることにしました。バッターはジャストミートする力がなくても球が当たるので、当たったら走って必ず出塁できるという経験をする。そして、それから自分がバットを振って当てるためにはどうすればいいのかと考えるようになります。つまり、ここでは自分なりに必ず何かに参加でき、やればできるんじゃないかという快感を一人ひとり実感できるようにと考えました。

中には通信教育の高等学校課程くらいに行ける人もいて、そこで通信の授業をスタッフに習うというようなこともありました。そこに通う期間というのは、平均三年くらいでしたが、長い人は七年くらい通っておられました。少しいろいろなことに慣れて、人との言葉でのやりとりもまあまあできるようになって、表情も明るく、動きもきびきびしてくるようになりますと、上の学校に行くのか、あるいは就職かということになります。また就職のための練習のアルバイトも、この施設で市内の事業主と連絡を図って、その人に合った仕事を見つけてマッチングをしました。地域の事業所となるべくコンタクトをもつ努力をしながら足慣らしをして、慣れたら就職していくという施設を始めたわけです。

学習も将来の生きていく方向に役立つということになると、国語の勉強もすることになります。それでも限界級の知能の人は、運転免許の○×式の試験そのものだけでも大変ですが、繰り返し練習すると受かるようになるんですね。しかしぴりぴりしているインテリよりも、かえってこういう少年が意外に運転はできるということもあります。

最近それだけの力量のある人はいなくなりましたが、たとえば一時、司法の方から頼まれてまわってきた暴走族の若者が通って来ている頃は、口では「やめる」と言ってもなかなかオートバイに乗るのをやめられないわけです。中にはお家の方が、いっそのこと突っ走って事故で即死してくれたらいいと、非常に高い外国のオートバイを買い与えられている子もいました。そういう子にただやめろと言うよりも、どうせ走るならば、規則を守って洗練された一流のライダーになったらどうかと、希望者にはA級ライセンスを取らせて、一時はこの施設にレーシングチームも作りました。そのチームで筑波にありますコースに出て走ったのですが、いつもビリでした。やはりレースで勝つということはものすごく上手でなければだめで、ただの暴走族では無理なんですね。

この施設を立ち上げた人はありとあらゆるものを活用しておられました。親御さんの中には社会的・経済的に高い地位にあって、とても気位が高く、「自分に似ない子どもである。オートバイに乗るなんて、やくざでくだらない人間のくずがすることだ」とおっしゃってはばからないような方もいました。でも、本当に正しく洗練された一流のレーサーとしてやるのは並大抵のことではありません。それを努力することによって生きるということの意味を学ぶ、そのためにレーシングチームを作りましょうということになったわけです。そのとき、そういう親御さんのご了解を得るために、施設を運営している理事長に請われて、私の夫がレーシングチームの総監督になりました。夫はいまはもう亡くなりましたが、たまたま当時東京大学に勤めており、趣味でオートバイに乗っておりました。そうすると、オートバイもやくざばかりではないのか、そういう人が総監督なら、と親御さんが認められるということもありました。

私もほんの少しオートバイに乗ったことがありますが、ほんの素人で終わりました。ライセンスをとりコースを走った青年たちが語るところによれば、走ってみますと本当に怖いものだそうです。そして「自分は誰からも目をかけられない。いっそのことこのレースに出て死んでやろう。今日がこの世の終わりだ」とすごくやさぐれた気持ちでレースに出ても、コーナリングをするときに本当は「そこで飛び出して、即死してもかまわない」と思って走り出したつもりなのに、ここはと思うとスピードを落として、「ビリになっても転倒したくない」とブレーキをほどよく踏むのだそうです。その瞬間、「これまで口で言ったりやったりしてきたことは自分の本心ではない。本当は生きたいと心の底で思っているんだ。だったらきちんと生きようじゃないか、とコースを走っていて思った」と暴走族をやっていた青年たちが言いました。ですから、ここの中間施設はみんなをライダーに仕立てようというのではなくて、身をもって実感したことではじめて人間は気がつくという、そこを活かそうと思ってチームを作ったのです。

また免許を取っても、地図やナビゲーターを見て、すぐに場所がわからないくらいの基礎的な力の人もいますし、人との応対がうまくできないので、就職しても配送の仕事ができないことがあります。その場合は勤めができるまで練習をしようということで、軽トラックで配送する有限会社も施設にくっつけて、一時運営したこともあります。しかし園生だけで配送に出てもらうと、地図を見て場所はわかっても、呼び出しボタンを押して挨拶するのが怖くて、荷物を載せたまま走りまわっていて、ガソリンがなくなったからと帰って来ることがありました。そこでまず、宛先を見て地図をどう見るか、挨拶は机の上で教えていたのではだめで、スタッフが付き添ってどういうふうに客に渡すかなどを一緒に行なう中から、徐々にできるようになってもらうということをしました。

普通の教育場面やそれまで大まかに考えられている〝何かを指導する〟ということを、一つずつ段差を細かく分解して、その段差を順番に踏みながら、しかもそれは、口で指示するだけではなく、傍らにあって一緒にやりながら会得するのを手助けしていくと、到底それができないと思った人でもやれるようになっていくことがわかりました。ですがこれには、非常な根気と、体力と、努力と、工夫がいるわけです。たとえば免許を取るのに、運転席の模型を作って、模型の中で練習してから行くとか、教習所から古くなった教習車を払い請けて、教習所で特別に許可をいただいて、仮免中に追加補習練習などを行なったりもしました。

この施設には抗精神病薬を服薬中の人が七割近く在籍し、中には相当に重い自閉症であることを家族がかたくなに認めず、毎春無理に高校受験をさせて居場所がないという人がいたり、一目見てめだつ人が通ってきます。東京は過密で人々が過敏に暮らしているところですから、そういう人たちを集めて、そういうことをやっては困ると苦情が出てはいけないということに、はじめの頃から注意し、気をつけました。朝九時から始まって、終わるのが夕方の四時くらいですが、始業前に早く着いた人と職員が町内の掃除をしました。また私が時々行く陣中見舞の際にも、なるべく施設のそばの店でお土産をたくさん買って、私がそれを持っていくのではなくて、会計だけはすませて、「後ほど学院の青年が取りに来ますので」

と頼んでおきました。そうすると、ある日お土産をたくさん買った人がいて、その後近くの何々学院の人が来て、それはどんなところですかということになって、次第にいろいろな人が知ってくれます。そのようにして徐々に印象づけるわけです。

宙に浮いているような生活をしている人たちは、少しぎこちないけれども、一般に言われているほど危険で困った人たちばかりではないというように、なるべく理解を得るように留意しました。たとえばお土産などを受け取りに行くときは、行く前に応対の仕方を練習し、失敗がないようにしたりしました。運動した後は汗で汚れたりしますが、そうでなくてもギンギンの格好をしたり、服薬している人は時に表情にしまりが乏しく一見してそれとわかります。だからこそ運動して帰るときに、こざっぱりとして帰らないと近所に感じが悪かろうと、着替えて、汚れた服は洗うということをはじめから徹底しました。さらに授業とは別に、男性もアイロンくらい自分でかけることは大事だと思いましたので、アイロンのかけ方も練習しました。

中間施設のようなことをするときに、狭い意味での心理療法で、この少年のこころをどう理解するかとか、あの家族のサイコダイナミクスはどうかということも大事ですが、そういうことだけを考えているのでは不十分です。つまり生きるということは、これだけの配慮をもって周りとうまく調和することが必要です。頭と体を使って努力することがそれを存続させますし、かつそこに通ってくる人たちへの無言の教育にもなります。

学力がないから学習しましょうではなくて、自分をわかろうとする相手に表現することは、相手に伝わり、自分は孤独ではなくなる、だから伝えてみたいという内発的な動機があるときに、はじめて人間というのは伝えるための手段としていろいろなものを学ぼうとする意欲が継続するのではないだろうかと思います。ですから何気ない契機をとらえて、それを展開して、学ぶということに結びつけていくことではないでしょうか。つまり発達支援というのは、遅れている人に教え込んで何かをさせるという発想では、とても重篤な人には足りなくて、いま申しましたような、工夫と展開が要るのではないかと思います。

あともう一つ大切だと思うことですが、難しい問題というのは親子の関係だけではなくて、三世代、四世代にわたるその家の歴史が屈折して子どもに現れるということがよく言われ、事実多くの場合当たっています。因果関係を明らかにすれば、聴く私たちのほうは一見説明がつき、納得がいって安心します。しかしクライエントにとっては、いま、思い出すにはあまりにも傷がうずくような屈辱的なことを、無理に思い出して話題にしたりすると、かえって二重に傷つくことがあります。ひとつ間違うと傷に塩をぬるようなことになったりします。字面だけにとらわれて何でも想起して、そのことの意味を考えればいいという、一元一次方程式的な発想は適切ではありません。

過去を本当に活かすことができるようになるためには、それを受け入れるだけのその人のゆとりができていることが必要です。つまり、とりあえずかりそめであっても、自分の精神的、物理的居場所とある方向をつかみかけて、それなりの器としての自分が実感できるときに、はじめて重い苦しい過去をもう一度とらえ直すということができるわけです。そういう意味では、普通の順番としてインテークでいろいろなことを全部うまく聴いて、因果関係を明らかにしてと思っても、はじめのうちにそれをすることが難しい人もいます。

ですから、とりあえずその人を観察して、どこからどのようにかかわったら展開が起きるか、手をつけられることは何だろうかと、そこから工夫することのほうが、重篤な人の場合には現実的で効果的です。同じように、家族もゆとりができないうちは、本当の話をしているようでもしていないことのほうが多いのです。もともと教育者や心理療法家は、刑事でも検察官でもありません。個人の秘匿性に属する事柄を糾弾する職権ではないのです。どうしたら相手がこころを開くかという命題をいつも聴くのですが、貝のふたをこじ開けるかのようにこころを開かせるのではなくて、どういう自分であったら、ほんのわずかでも相手は自分に委ねてくださるかと考えることが、実は遠くて近い道ではないでしょうか。そういう意味ではご家族に会うときにも、夫婦関係がどうだとか、これまでどのようなことがあったかということを、本人が必要に迫られてそう感じてお話しくださるのは別ですが、そうではなく詮索的に取り上げることについては疑問だと思います。

「せ・せ・せる・せよ」という下二段活用と「人のこころを開かせる」というのはやめる、という二つのことを頭におくだけでも、人を援助するときの人間関係はずいぶん変わってくるのではないかと思います。

人が生きていく拠り所と居場所——子どもの育ち直りを支え、見守る視点

はじめに

私は幼い頃、大変な引っ込み思案で、いまのような職業・臨床心理学を専門にするということは考えてもみなかったことでした。しかし、幼い頃から自分の中でいろいろなことを考えたり感じたりしていることを人に伝えることに気おくれがしてしまう、そういう自分とひき比べながら、人というのは外見とか外から見える行動だけで判断してしまうことが果たして適切であろうかということを、ぼんやりと思っていました。そのことは、おそらくいまの仕事の基底にあると思います。そして、そうした自分の不足しているところを人から補われたり励まされたり伸ばされたりすることによって、曲がりなりにもこのよう

に一人で生きていけるという人間になってきた。その人のオリエンテーションというのは、どこかその人の生い立ち、環境とまったく切り離してはありえない。そういう認識を、ことに何らかの適応不良を抱いている人々に接する仕事をしている者は認識することが必要なのではないか。つまり、自分自身の生き方にふれるということをせずして、自分をカッコの中に入れて相手の行動やもろもろのことについて指摘し考えるということだけではうまくいかないのが、この領域の仕事の特徴ではないかと思っています。

現代文明の光と影

現代というのは一方で高度に文明が発達して大変暮らしやすくなった反面、ぼんやりしていますと、この利便さに溺れて、私たち人間の感性や観察力、対象とかかわってしなやかに工夫し、この状況を切り開いていく、そういう忍耐力に裏付けされた自分で考えたり、技を生み出していく力が、次第に薄れていくように感じられます。

学校の中の勉強はある程度の素質があれば限定された対象について努力し、ある程度の点を取ることができます。しかし、相互関係の中では、相手の様子を見てそれに合わせたことを自分で工夫しながら、時には自分の好みや自分が相手に仮託する希望を相手に応じて変えなければなりません。主体性をもちながら呼吸を相手に合わせられる、これは大人としてどれだけ成熟しているかの指標だと思います。

いまの時代というのは、人が育っていく上で便利なようで実は非常に難しい時代になっています。そして教育が、人間が人間らしく育つために過大な課題をこれほど多く担わなければならない時代はなかったのではないかと痛切に思います。さらに、私は臨床の相談の立場にある者としていろいろな父兄と話していて思うのですが、いまは、本来教育場面で期待することと家庭で担うべきことの境界が非常にあいまいになっています。家ですることと思うようなことであっても、学校の先生がしてくださってあたりまえと思っている親御さんが多く、学校の現場では負担が非常にふえていると思います。これらの事柄は単に教育技術だけでなく、大人全員が市民として自分の課題として考えるような社会・文化ができていかないと、基本的な解決は難しいように思います。

子どもの変容した部分、変容しない部分

子どもの病理ということが鋭く指摘されています。凶悪事件がふえたとか、子どもが感覚的で刹那的ですぐ行動化するとか、子どもの悪いところばかりが指摘されますが、司法

統計を見ますと成人の凶悪事件は徐々にふえていますが、件数としては子どもの凶悪事件はふえておりません。また、一七歳という年齢が恐ろしい年齢だと言われています。これは発達的な観点から、これからどのように大人になるのかというアイデンティティが問われる節目の年です。実は四〇年前の新聞の縮刷版を見ますと、浅沼稲次郎という社会党の党首を刺殺したり、その翌々日には中央公論社の社長を殺そうと思って間違ってお手伝いさんを殺してしまったのが、一七歳の少年でした。昔からなかなか大変な年齢であったことを考えると、ただマスコミニュケーションに報道されることだけで浮き足立つことなく、子どもの変わったところと変わらないところは何かということをいつも心しておきたいと思うわけです。いまの子どもは表面的に確かに変わっている部分はあります。しかし本質的な部分では、いまの子どもも自分のもてる素質を相応に発揮して、それを人に認められ、そして自分は人と分かち合いながら生きていきたいという本来の望みを決して失っていません。だから基本的に私たちは子どもの可能性を信じるという、その姿勢を崩さないことが大事ではないかと思います。

人は場の中で育つ——成長のための居場所の特質

普通、人間関係が大事だと言われます。人間のこころというものは関係のあり方の中に現れているわけですが、自分と誰それさん、自分と何々先生だけの関係より、先生プラスその場という、場によって支えられることのほうが安定感が生まれてきます。

場の特徴として望ましいのは、まず安全で安心できること、そして中間領域的であることです。これは、肝心なところは見落とすことがないようにわかっているけれど、でもちょっと子どもが自分なりに試行錯誤できるような空間です。どちらかと言うと大変よく管理されているいまの現実と、子どもが成長していくときにもちたい秘密の世界とのちょうど中間の、要点は押さえているけれどちょっと自由度があって、まずはただいるだけでよいというような場、居場所です。そこに行くと自分以外の人がいて人間を観察することができる、いろいろな人を見ることができる。しかも人というのは、場面が違うと同じ人でもいろいろな態度をするんだということを見て、少し安心できる。そしてなおかつ自分と同じような悩みをもっている人がいる。まずは、ここは自分は自分でいていいんだという最初の安堵感をもてる居場所。このような場が、その次の成長の基盤になっていくと思います。

情緒障害学級に求められていること

教育と療育の視点

情緒障害児学級には、さまざまなタイプのいろいろな問題をもった子どもがいます。そのような子どもたちとかかわる場合に、狭義の教育と広義の養育の視点が必要だと思います。就学してからも家庭の中で行なわれるべき養育ということが、残念ながら教育の場で、狭義の教育と連動して期待されているというのが現状です。実際、発達障害の子どもや、家庭的な問題を背景にもち情緒的な発達にも欠落をきたし、本人も満たされない思いを抱いているような子どもの場合は、何か限定した技術的あるいは観念的なやりとりより、生活の中でもう一回育ち直すようなセンスをもってかかわらないと、なかなか人間的な関係やそこからの発展が生まれないように思います。

統合的な仕事

また、先生方は一人ひとりの子どもをいろいろな角度から見つめ、子どもに合った課題を考えていかなければなりません。しかもプロフィールが似ているからといって同じ課題というわけにはいきません。子どもの家族の環境や地域の特性に合わせ、もう少し別の工夫が要る場合もあります。さらに、成長に合わせて次々と課題を工夫し、変容していくことが求められます。

また、人間のこころというものは、何か生物学的、器質的な特質だけで要因間の相互関係なく規定されてあるのでなく、その子を取り巻く家族の関係や友達などいろいろな要因が関与しています。柔軟に工夫し、子どもに個別化したかかわりのあり方を模索していらっしゃるような先生に出会うと、きっと親御さんからは、「実は家のことですけれど」といった話がもちかけられるのではないでしょうか。学校がかかわるのはある限度がありましょう。必要なら家庭裁判所など、家族の問題をより突っ込んで深くかかわるような専門機関をご紹介いただくことがあるかと思います。

いずれにしても非常に幅広いことをやり、自分一人でできないことに関しては、周りの資源を上手に活用できるようなセンスも求められます。さらに、中学の情緒障害児学級の先生は、生徒たちが将来への展望を得るために、自分自身の潜在的な特質を発見できるように支援したり、進路について情報を得ることも求められます。このように見ますと、情緒障害児学級の先生はすぐれて統合的な営みが期待されているように思います。世の中全体の文化というものが少しマニュアル化の方向に移行していますが、情緒障害児学級の先生方は、それだけではない、人間に必要だと思うものをいつも実践していくことを求められていきます。そして、それは非常にご苦労なことだと思います。

居場所として

居場所とは、物理的な空間だけでなく自分の存在がそれなりに受けとめられる安堵感のある場所です。平均的な人々の中からずれていて、自分でも居心地の悪さを感じる、そういう人にとって、「これは自分だ。この自分は人からちゃんと見つめられて大事にされている」という自分の存在に対する喜びと安心感を伴った自覚をもてる場所、その場所を得ることによって、自分って本当はこういう人間だったのだという発見ができ、もう一度こころが新しく生まれて成長していくことができる場です。

ここで子どもたちは、人として生きていくための立ち居ふるまい、食事の仕方から席の着き方など、社会化の一歩から学んでいきます。また、おそらくほとんどの生徒は自分で見つける喜びや学ぶ楽しさというものを知らないまま、学力が遅れ、周りのあせった雰囲気を感じて、自分でも身を扱いかねて、というところで情緒障害児学級に来ているわけですから、学びわかる楽しさをどう伝えるかということも大切になってきます。

居場所にかかわる大人に求められていること

おわりに、居場所にかかわる大人にどんなことが求められているかについて触れておきます。

まず、これがなかなか難しいのですが、自然発生的な活気の大切さというのでしょうか、そのクラスが生き生きとするにはどうしたらよいか、ということに関してです。これはクラスを運営していかれる先生自身がご自分の日々の生活をそんなに大それた気負ったものでなくても、新鮮に感じられるかどうかであると思うのです。

むし暑い夏の終わりだけれど、昨日に比べてこころなしか空の雲がちょっと高くなって、秋空の気配が見えるな、ということに気づく感性をもてること。そういう何気ないことを大切に思い自分の気持ちを新鮮にできるような、ひからびていない感覚をもっていると、特別力んだりしなくても、何かその人の周りにある空間というものは、うるおいが生じ、自然な活性化ができるような気がするのです。逆説的に言うと、あんまりねじり鉢巻きで努力、努力と言うよりは、仕事と自分のリフレッシュメントをどう上手にバランスをとるかということにもかかわってくると思います。

自分の人生をほどよく享受している。完璧を期すると息切れてしまいますし、あまり上手にできると何か先の目標がなくなって楽しみが減りますから、まあほどほどの七〇点前後でもいいぐらいの心持ちでしょうか。そのかわり、いろいろなことに関心をもっていて、いつも興味が幅広くて、態度も開かれている大人であること。

次に、私たち大人は有形無形、意識的無意識的に自分の望む方向に上手に子どもをのせて引っぱりたいと思いがちですが、言葉にならないその子の言葉に、まずは虚心になって耳を澄ますというような姿勢をもっている大人であること。

最後に、私たちが生活しているこの世の中の時間は、当然みんなに共通する一日二四時間、一年三六五日です。しかし、こういう特別な何らかのかかわりの必要な子どもにとって、普通の人よりは長い時間が要る。教育というのは一学年、二学年、三学年と進んでいって、ある種この世的な時間に規定されていますが、その中でこれらの子どもたちは「この子が開花する時間を待とう」というような眼差しをもっている大人に出会うことが必要だと思います。そこで子どもは、自分はやっぱり生きていていいんだ、自分なりのチャンネルを見つけて伸びていこうという、新しい拠り所を見つけることができる。これは平凡なことですが、子どもが自分自身で成長していく大切な要因ではないかと思います。

文献

1 村瀬嘉代子著『よみがえる親と子―不登校児とともに』岩波書店、一九九六
2 村瀬嘉代子「家族イメージと子どもの精神保健―一般児童の家族像の一〇年間の推移、ならびにさまざまな臨床群の家族像との比較研究」日本児童青年精神医学誌、四二巻三号

こころの再生とコミュニケーション

この四天王寺カウンセリング講座という大変由緒のある研修会で、このようにみなさんとご一緒に勉強する機会を得て本当にありがたく、はじめに感謝の気持ちを述べさせていただきます。

本来こういう講座では、このように考えてこのように振る舞うとこうなるという一つの理論なり、あるいは方法論としてできあがった一つの方向を示すように話をするのが本来であろうかと思います。けれども、これから話しますことは、私が仕事を長くしてきましたが、いまだにというかいまさらに深くというか、自分の前にまた大きな課題を与えられ、それについていま自分がいろいろ考えあぐね、模索し、探索しているその途中のお話をしようと思います。ですから、Y＝AXというような明快なものではありませんが、私は自分の経験事実をそのまま率直に、もちろんプライバシーなどについては配慮いたしますが、伝えるというスタイルで話を進めようと思います。

コミュニケーションのツール

コミュニケーションについてふだん健康に暮らしている私たちは、それを自明のこととしてあまり意識しません。コミュニケーションと言いますとちょっとした言葉の齟齬《そご》などありはしますが、言葉や文字を視覚あるいは聴覚を通して伝えあうツールとして、あまり深く考えないで自在に使って当然というように暮らしています。

ところが、人間にとって五感の、なかでもとくに聴覚に障害をもつことは、大変なことなのです。よく知られているヘレン・ケラーは聴覚の障害に加えて視覚の障害ももっている盲聾の人でした。あるとき、「あなたは目が不自由なのと耳が不自由なのと、どちらか一つならどちらを選びますか」とずいぶん残酷な質問をされますが、即座に「目が不自由なほうを選びます」と答えたということです。それは、実は聴覚というものが人間のコミュニケーションにとって、いちばん基盤の役割を果たしているからなのです。

私は六〇歳近くなった頃にそろそろ店じまいどきだと思いながら仕事をしていました。そういうときに学会に自主シンポジウムの企画があって、聴覚障害の問題についても開かれていたのですが、去年の出席者がわずか四人だったということで、私に指定討論者をしてほしいという依頼を受けました。聴覚障害者の心理についてですと、私よりもっといろいろな取り組みと経験をしておられる佛大の河﨑佳子先生はじめ、ほかにも何人もいらっしゃいますが、その河﨑先生とほかの人が訪ねてこられました。

私はこれまで聴覚障害を専門にしてきたわけではありません。いろいろなクライエントに実際に会っていますと、時に聞こえない人がいて筆談をしたり、あるいは子どもの場合は言葉に頼らないやりとりをしているうちに、当初の問題が解消したというような経験が少しはありました。けれども、自分の専門でもないことを引き受けるわけにはいかないと、最初は固辞いたしました。

しかし、フロアに人が四人しか来ないということはやはり大変なことで、「私は人寄せパンダの役割を期待されているのだ」と思って、シンポジウムのときに、とにかくそのあたりを歩いている知人や、ほかのセクションに行く予定の人も「ここに来てくれたら、あとで一緒にお茶しましょう」とか言って無理やり誘って、二〇人ぐらい席を埋めました。当初一回限りと思っていたのですが、そこでいろいろな事実を聴き、これでやめてはいけないのではないかと思うようになりました。

はたから見て目が不自由な人はすぐわかります。ほかのいろいろな障害をもつ人もわりとわかるので周りの人が配慮しますけれども、聞こえに障害があるのは一見してわかりにくく、本人は思い切ってなかなか表現できない。子どもの場合など、小さいときに自閉症と間違われたり、ほかの障害があるということで別の対応をされていることも現実にあったりします。

たとえばシンポジウムのある報告者によれば、北海道にある精神病院を全部調べたところ、統合失調症という診断で長期に入院している患者のうち二八人が、実は聴覚に障害があるために人とうまくやりとりができないのを、これは強い自閉的な状態で統合失調症の進んだ状態だとみなされ、なかには二八年間入院生活をしている人がいる。それほど実はこの問題には光が当たっていなかったという話をされました。

女優の忍足亜希子《おしだりあきこ》さん（一九七〇年生まれ、聾学校から短大に。ＯＬを経て、九九年に「アイ・ラブ・ユー」で映画デビュー）、あの人は鮮やかな演技をし、にこやかで本当に素晴らしい人です。そういう本人の素質と大変な努力、そしてそれを支える環境もあってあのように成長し輝いている。そういう人ももちろんいます。

しかし日本の聾教育はつい五、六年前まで読唇術、唇を読むことで健康な人にいかに近づくかという努力をすることが求められていました。まったく音が聞こえなくても、唇の形から相手が話していることを読みとって、そして自分の出している音声はわからなくても発声の練習をする。たとえばローソクを消すことを数えきれないくらいするうちに、これくらいの強さをだすと「パ」の音が出る、と。そういう練習を涙ぐましいほどするというような場面をテレビで見ました。聞こえないけれどもとにかく音をつくって健康な人と同じように話す。それが教育の中心であって、手話を使う、身振りを使うということは、公教育の場では取り上げられていませんでした。

私はとくに歯切れが悪くモゴモゴと話す人間ですが、私の口を見ていまどんな単語を言っているかを読みとるなど、少し想像しても至難の業だとわかります。そして言葉というのは単語を正しく言うだけではなくて、音声の質、イントネーションのつけ方、アクセントによってニュアンスがずいぶん変わってきます。たとえば話が飛躍します

が、英語はイエス、ノーがはっきりしていると普通言われますが、英語もイエスのイントネーションのあり方で、文脈によってはほとんどノーを意味している場合もあるのです。

それくらいに実は音声によって表現されるものが大きいのですが、公教育ではそういうことへの配慮がなくて、唇だけを読むことをやってきました。よしんばそれをかなりマスターしたとしても、世の中に出て誰かと話すのに、一対一であればその人を自分の目の前でまっすぐ見ていれば確かに見えますが、集団だったら誰が話しているかわかりません。そのたちどころに話の流れからこぼれ落ちていかなければなりません。そのときに「ちょっと待ってください」と言うことは大変な勇気が要ることであり、全体の流れをトータルに的確につかまえることは非常に難しい。そういう意味で、血のにじむような努力をしても、それがその後社会に出てから生かされないことが少なくない。こういうことを最初のシンポジウムで知りました。

聴覚障害の問題に取り組むきっかけ

第一回の自主シンポの指定討論者を引き受けたときのことです。あまりにも未経験で、何も知らずにコメントするのはどうかなと思い、電話が鳴ったり玄関に人が来たときは家という状態の者に出てもらうことにして、家にいるときには耳栓をして音がまったく聞こえない状態というのを、学会が九月にありますので七、八月とやってみました。ただ、勤め先に行ってそれをやると仕事ができませんので、外に行くと普通にしていました。

耳栓をし、テレビの音声をまったく消してニュースやいろいろなものを見ていると、もちろんほかの印刷物からいろいろな情報が入ってきますし、それまでの経験などを総合して、だいたい七割くらいはわかるようになりました。でも、七割というのは一〇に対する七ですから非常に不十分なものですし、しかもそれはほかのところで得た知識を総動員して、音のない画面から伝わるものに自分の経験や知識や最近の情報を瞬時に加味して考えることによって、おおよそわかるわけです。

これをやってみますと、ものすごく疲れるということがわかりました。考えてみますと、これはほかのいろいろな障害のある人もそうだと思います。普通に健康な者はマジョリティですからやむをえないということもあるのかもしれませんが、そういう少数の人がマジョリティの基準にあわせてそこに達することが当然で、それが努力目標だということを、その人の身にならないで簡単に考えがちですが、実は大変なことだということを再認識しました。

先ほど少しお話ししたようないろいろな現状の厳しさを発表者が話したあと、私が感想を述べるのに加えてそのことを言いました。その場に三一歳のときに病気で失聴した精神科の先生が出席されていました。琵琶湖のほとりに日本でただ一つ、聴覚障害者のための精神科外来のある病院がありますが、実はその人はその琵琶湖病院の精神科医の藤田保先生でした。

先生は即座に「あなたの聞こえない状態は可逆性のある状態であり、私は永遠に聞こえない」と言われたのです。私は本当に己れを恥じました。可逆性があるところから、二度ともとの状態に戻ることがないところを、想像して安直に「わかる」などと言えることではないのです。ですのに、私は少しでもその状態がわかればと思い、二カ月間家の中で音なしの生活をしてみたのですが、私がそのとき感じたいろいろな難しさ、重さなどというものは可逆性があることですから、まったく次元が違うものであるということをしたたかに思い知りました。

これで黙って立ち去ってはいけないのではないかと思うように私の気持ちは変わったのです。また、この問題に携わってきた数少ない心理臨床家たちが、毎年私と一緒に聴覚障害者への心理的援助についてシンポジウムを開きたいと言われたので、一九九五年から毎年、これまで続けてシンポジウムに参加してきました。

そういうマイノリティのシンポジウムなのですが、それにある出版社の人が気づかれて、

「これはとても大切なテーマです。考えてみたら日本でこの領域についての心理臨床の本は一冊もない。このシンポジウムの内容を本にしたら」と提案してくださいました。しかし、その出版社の中で「そんな本は売れるはずがない」「そんな地味なことをやってもパッとしない」と社内の会議でも大変だったようですが、大阪にあるメンタルヘルス岡本記念財団の助成を受けて、『聴覚障害者の心理臨床』（日本評論社、一九九九）という小さな本を出すことができました。そこにそれぞれが経験事実をもち寄って、いったい何が聴覚障害の人の精神的な健康に必要なのかということをいろいろな角度から書きましたところ、当初、こんな本は売れないと言われていたのですが、現在七刷まで増刷されています。この領域の人たちは大切な本として読んでくださっています。

聴覚障害者のいま

それまで、コミュニケーションを自明のこととして考えてきましたけれども、それを成り立たせる条件が欠けているとき、人と人とが交流できるために何が必要なのか。そこで求められることは、実は普通のカウンセリングや普通の日常の人間関係において求められる要素と、必ず通底するに違いないと思うようになりました。

日本にはいま聾重複障害者のための全寮制の施設、正確に言いますと「聾重複障害者生活労働施設」が五つあります。聞こえないほかに、肢体不自由、知的障害、精神疾患、視覚障害というようなものを合わせもつ人が全寮制で住んでいる施設です。実は、この需要は大変多いのですが、国の方針としてこういう施設はふやさない。障害者は地域の中で生きていくことという基本方針が打ちだされたのです。私も最近ようやくこの領域にかかわるようになって知りました。しかし、地域の中で生きていくのはかなり至難のことなのです。

聴覚の障害とは突き詰めたところコミュニケーションの障害があるということです。正確な統計はありませんが、家族の中にいて家族全員と本当に自由に気持ちの行き来ができている人は少なく、家族の成員は手話をあまりよくしない。また、知的障害のある人は手話も十分使えないので、本当に孤立して生きている人がかなりいるということです。いま全国で聴覚に障害のある人が三五万人と言われています。これもいろいろな障害があるのですが、今日はコミュニケーションに焦点を絞って話します。

一つ難しいことは、聴覚に障害をもっている人の文章の構造が健聴者である私たちの言葉の感覚や構文の構造と必ずしも同じではないことです。NHKに手話ニュース番組がありますが、これは文法的手話で標準語である日本語の構造に従って、単語を手話で表現しているのです。しかし、聴覚障害をもつかなりの数の人はむしろ独自の手話、伝統的な手話を使っていますので、ＮＨＫの手話を見てマスターしたらうまくコミュニケーションできるかと言うと、必ずしもそうではないのです。

たとえば文の構造の違いを一例あげてみますと、「昨日私は学校に行って友達に会って嬉しかった」、これが普通の文の構造です。ところが、手話を使ったとき多くの人はこういう構造ではなくて、「嬉しかったよ。友達に会った。昨日、学校でだよ」というような順番なのです。いちばん訴えたい、これを伝えたいというところから表されますので、普通の日本語の構造でこちらがものを考えていると、そこでディスコミュニケーションが起きてくるわけです。

ですから、この人はいまいちばん何に関心をもって、何を言いたいと思っているのかというところに、焦点を当てていかなければなりません。私も実はそのシンポジウムにかかわるようになって、はじめてこういうことを知ったわけです。

また、聴覚障害の人は公教育で唇を読む読唇術によるコミュニケーションの方法を習いますが、実際にあまり有効性がない。集団場面や、新しい言葉がどんどん出てくるというようになりますと、唇の形を見て音の構造や単語として伝わってきても、意味は伝わらないということが非常に多い。そういう難しさがあって人間関係の網の目から次第に脱落していくことになるという問題があります。

もう一つ、指文字というのがあって、指の形で五十音を表して単語を表現するやり方があるのですけれど、これもたとえば「物価」という単語を指文字で表すことはできますが、意味として伝わっているわけではないという難しさがあります。手話であればコミュニケーションが成り立つかと言うと、人それぞれが独自の身振りを使って表現することが多いので、なかなかそうはいかないという現実についても学びました。そしてまた、日本語にも標準語があり、ほかに関西弁をはじめとして地方の表現の仕方があるように、手話にも表現に微妙なニュアンスの違いがある、という事情もあるようです。

さらに、先ほど少し触れたように、家族の中であってもほかのメンバーが、耳の不自由な人に見合うようなかかわり方を身につけたり発見したり、それをふくらませて展開させていこうという努力をしないと、家族の中でも孤立して、教育も十分受けられずいろいろな問題が輻輳するということがあります。

ある聴覚重複障害者の施設では

あるとき、聴覚重複障害者の施設長が突然訪ねてこられ、「五〇人ほどいる入所者のなかで、抗精神病薬を飲んで精神科の治療を受けている人がいつも一二、三人いるけれど、薬を増量しても、激しい暴力であるとか、強い自閉的な傾向、極度の強迫傾向は一向に変わらない。カウンセリングで何とか変わらないでしょうか」と言われました。私は先ほど申したような経緯で、これから若い人たちがこの問題をもっと極めていかれる一つの踏み切り台になればと思い、たまたま小さな本を出しました。しかし、私自身はなるべく早く、そっと静かに職場から退くことを若いときから夢見ていた人間でした。ただ、あの本を書いたとき、日本にはそういう文献が一冊もありませんでした。インターネットで見ても外国でも非常に少ない。けれど、アメリカには聾者のための大学もあり、聾者の税理士や弁護士もいるというので機会を見つけて勉強に行きたいとは思っていますが、カウンセリングで何とかならないかと言われても、私には確信がありませんでした。

「わかりません。それはこうなればこうなるという、そんな自信はありません」

「ですが、たまたま手話ができる精神科医の方が来られて、薬も処方してもらったけれど、ちっとも変わらないし、精神病院に入院しても、結局もっと状態が悪くなって経管栄養になり、本当に石のように固まってしまったのを見て、かわいそうで引き取ってきた人もいます。カウンセリングで何とかならないですか」と言われるのです。

これは決してその人を批判して言うのではありませんが、「何とかしてほしい」という言い方に切実な期待半分と、「どうせできないんでしょう。苦労知らずに見えますねえ、先生は」という態度半分で、「うちらはものすごく苦労してます」と言われると、本当にそのとおりで当然だと思うのですが、やはり私の営みの浅薄さが改めて実感されました。けれども、関東にはどこにもないので関西の佛大の河﨑佳子先生にうかがったところ、私を訪ねたら何とかなるかもしれないと言われたということでした。私は、「じゃあ、一緒に考えながら工夫させていただくのでよろしゅうございますか」と返事しました。

まず、そこがどういう状況の所かと言いますと、五〇人ぐらいの人が入所していて、一〇〇デシベルを超える人、つまりほとんど聞こえない人ばかりです。「デシベル（db）」というのは聴力レベル（聞こえの程度）を表す単位で、数字が多くなればなるほど障害が重いのです。そのうえ重度の知的障害をもつとされる人が八〇パーセント、それから視覚障害をもつ人が三人ですが、その三人のうちの一人は、あるとき人間は聞こえるのだということを知って絶望し、自分の目をたたくという激しい自傷行為をしたことで網膜剥離から失明したという人で、いまもその傷をずっと抱えている女性です。それから肢体不自由を併せもつ人、統合失調症の人、うつ病の人、てんかんの人などです。

このなかで行為障害となっている人の場合を見てみます。聞こえない子どもはどうしても手振り身振りでコミュニケーションしようとするのですが、この人の場合は子どものときにたまたま先の天皇陛下が行幸されるというので、道路にそういう異形の者がふらふら歩いていると失礼だからと、一週間ほど精神科の病院に預けられました。預けたところ、近所の人も大きな叫び声が聞こえなくて具合がよい、家の人も手がかからなくてよいということがきっかけで、二五年間入院生活をしていたというのです。当然その間教育も受けず、ずっと閉鎖病棟の中にいましたから、いろいろな社会的な経験をする機会がなく、そういう意味での経験不足から来る結果としての行動上の問題と、さらに二五年間を返せと言って、ときどき激しい暴力を振るうというのです。どうもこの人は基本的に知的な障害がそれほど重くないと私は思うのです。

この五〇人前後の中で服薬している人が、いま少しふえて二五パーセントです。ほとんどの人が学校や寮の生活の中で、あるいは幸いにして就職できたとしても、その職場でいじめられた、なかには家族の中で非常に過酷な虐待を受けた経験をもつという人たちです。養護高校卒業直後一八歳から七〇歳代と幅広く、平均年齢四〇歳ぐらいの人たちです。

この中で手話を使える人は二〇パーセントぐらいで、あとは限られたその人独自の手話、身振り、指文字、筆談、それから視覚にも障害のある人は掌に文字を書いてやりとりするという方法でコミュニケーションをとっています。このように一人ひとりコミュニケーションのチャンネルが違っています。なかにはまったく就学しなかったという人もあり、ものに名前があるということがわからなくて、自分にも名前があるということを知らない人もいるのです。それから少し家が裕福で、家族が世間の目を恐れて、四〇歳近くまで屋敷から一歩も外に出たことがない。したがって教育を受けたことがないというような人もいます。そこに訪ねてみて、改めて人生の苦悩のるつぼという感じが致しました。

施設の生活

そこでの一日がどのように流れているかと言うと、こういう状態であっても施設の名前は労働施設となっていますので一日六時間、週五日、その人の能力に応じて作業をすることが前提です。調理班ではパンをつくり、縫製班はミシンでぞうきんを縫います。目の不自由な人も大変な練習の結果、手さぐりでもきれいにミシンをかけられるようになっておられます。それから空き缶をつぶしたりというリサイクル作業をする班があります。また非常に精神症状が重く、知的障害も重いという人はゆったりと時間を過ごして自分の生を享受することが大事な課題だというゆったり班というのがあります。この班は日向ぼっこしたり、近所を散歩したりするのです。しかしいま、私どものスタッフが週に一回施設に出向くようになって、ほんのわずかですが、その人なりの力にあった形でかかわりを工夫するようにしましたら、だんだん沈滞した雰囲気が変わりつつあり、数がかぞえられなくても、シールに合わせてちらしを一〇枚ずつ束にする、といった作業をするようになっている人もあります。

こういう状況の所に職員は三七人ですが、このうち聴覚に障害をもつ職員が五人ほどいますので、ここの職員会議は話しながら必ず手話もする。そして発言する前には挙手をしてから話すようにされています。私はいまだに手話も片言ぐらいしかできなくて、その意味でも努力不足で反省しきりです。

この施設に行くようになって足かけ四年目になります。いま施設で課題になっていることは、一つは、少しでも人間的な個別化された生き方をしていくこと。そのためにはもっとグループホーム的に小さなサイズの家庭的な単位で暮らすことが必要だというので、いま七人でアパートを借りて暮らすというのを始めていますが、そういうものをふやしていくことです。それからもう一つは、いま日本には聴覚障害者の老人ホームは一つもないのですが、実はニーズは非常にあります。それを立ち上げなくてはならない。そういうときに、高齢者であるという特質とあわせて、どういうことを考えてどういう施設をつくればいいかということを、いま課題として検討中です。

最初、私は本当に何ができるのかと思って、まずどんな所か訪ねてみようと思いました。

ただ、忙しくてやっと時間をとれたのが、ほとんどの入所者が帰省する年の暮れの二八日でした。ですから、一年を通して帰省する先がない、本当に身寄りのない入所者が五人ほど残っているだけでした。

その中の一人に、前にあげた二五年間ずっと精神病院にいて、もう五〇代になってから社会に出てきたけれどもいろいろうまくいかなくてこの施設に入っており、身寄りもないのでお正月もここで過ごすという人がいました。この人は、自分はいまからでも家庭をもって人間らしい生き方をしたい、もっといろんな人とコミュニケーションしたいと切々と訴えられました。それからまた別の、これも中年の女の人ですが非常にシャープな、知的な素質が高いのではないかと思える人がいました。

その施設の所長は、最初に「ぜひ何か力になってほしい」と言いながら、「できるかなあ、お手並み拝見」という雰囲気もありました。それはもっともなのです。入所者に紹介してくださるときに、必要なことは通訳してくれますが、この人はこういう人ですとはあまり言わないで、向こうのこちらに対する反応を通訳するというようなやり方をされました。先ほど話したシャープな感じの中年の女の人が、一緒に行きました私たち三人をじっと見て、「名前は?」と訊きました。私たちはホワイトボードに自分の名前を書いて「よろしく」と一言添えましたら、うなずいて、納得したような感じで自分の名前をホワイトボードに書かれました。それを見て所長が、「実はあの女の人は初対面の人にはまず殴りかかる」と言われたのです。

いま詳細を申しませんけれど、人に裏切られ散々な目にあって傷ついている人で、「まず初対面の人には殴りかかるので、先生たちが殴られたらどういう対応をするか見ようと思ったのに今日は殴らなかった、不思議だ」と所長がおっしゃいました。そんな出会いで、建物の中の空気がなんとなく沈滞したような寂しい状況を見て、何ができるかわからないけれど、何か手がかりを探していこうという気持ちが湧いてきたのでした。

心理的な援助とは

少し具体的な例をあげながら、そこから気づいたことを話していこうかと思います。どの人も重篤な状態で大変なのですが、最初に施設のほうから「この人を（以下Aさん）」と頼まれた人は、実は問題の難しさ、深さから言えば決して最重度ではない、たぶん私たちにはいちばん難しい人はとても対処できないと所長は考えられたのではないかと思います。Aさんは最初に会ったときは三一歳で、両親が中国帰国残留孤児で、中国北方の非常に貧しい農村で五歳まで育ちます。ちょうど文化大革命のさなかでもあり、両親は日本人だというので村の中で大変いじめられ、真っ暗なうちから夜遅くまで働いていました。

私は前にあげた本の中で「統合的アプローチ」という言葉を使って心理的な援助についての考え方を述べました。それは、自分の責任のとれないことやほかの専門領域を侵さないように十分注意しながら、しかし、基本はクライエントが何を必要としているのか、その必要としていることに応じて、いつ、誰が、どのように、どんなことを、ピタッとその人に合うように工夫して提供していくのかということ、それが援助だと思っています。

ですからあまり一つの療法だけをずっと続けるとか、いま自分がたまたまコラージュに関心をもっているのでそれをやっていこうとかいうのではなくて、クライエントに何が必要かを見極め、自分の責任のとれるいろいろな方法を組み合わせてやっていく。それもできれば自己完結的に自分一人で抱えこんでしまうのではなくて、必要に応じてまわりと上手にチームワークをとる。またいろいろな機関とも連携する。そうしたセンスをわれわれはもつべきで、それが必要だと私は思っています。自分の注意を焦点に緻密に集めて、よく観察し、それからクライエントの感情を汲みとるということと、そういう営みをしている自分とクライエントとの関係が社会的なコンテクストの中でどんな意味合いをもっているのか、それを少し突きはなして全体的に眺める。焦点と全体をいつもバランスよくとらえていることが必要だと思っています。

それからカウンセリングでは、クライエントの気持ちがわかるにはフィーリングが大事だ、感じとろうということが強調されますが、本当に的確に相手の気持ちを感じとっていくためには、緻密な観察が基本だと思います。緻密な観察をして、自分の中に会得されている知識と経験を総動員して、これはこういうことかなというように観察したことを理解する。それがどういうことなのか自分の中の知識、経験に照合して、観察した内容を特定していく。そこでわからないことを正直にしっかり抱えて、そのわからないことを自覚しながら状況をよく観察しているとまた気づくことがあって、その気づいたことに自分の知識、経験、あるいは同僚や先輩の意見、または文献をひもとくということをして、さらにわかることがふえていく。

これが私が考えている理解という営みの本質で、共感は瞬時にしてなるべく質高く的確にやることで、感情的にベタッといくことではない。心理的な援助というのは、知性と感性、あるいは思考と感受性のバランスがほどよくとれることが要諦ではないかとかねがね思っています。観察し考えることと、そうした観察し考えた相手とやりとりしている自分がどうなのかを突きはなし、相対化して眺めることができる。そういう客観的な態度とクライエントの状況に限りなく身を添わせていくという感性を同時に働かせられるということが大切だと思います。

内閉的で強迫症状が強い人の場合

先の事例に話を戻しますと、中国残留孤児の両親が村の中でひどい仕打ちを受けながら真っ暗になるまで農作業をしている間、このAさんは村のお年寄りに育てられました。つまり中国語が母語となったわけです。はじめは中国語の単語を発していたようですが、どうも聞こえが悪くなったのか次第に発語がなくなり、そして六歳のときに日本に帰ってきました。しかし日本に帰ってから定住する過程にさまざまな苦難があった。その頃、どうも中耳炎だということで耳の手術を受けたようです。けれども、両親は日本語がよくわからず、中耳炎や手術の意味をよく理解しないままAさんは手術を受けました。予後が悪くてさらに聞こえなくなったそうです。

そして聾学校に行き、いろいろなことがあって次第に内閉的な状態になります。それで施設に入ったのですが、大変強迫症状が強い。たとえば朝ごはんを朝八時に食べはじめると一二時ぐらいまでかかる。やっと終わると昼ごはんに夕方までかかる。夕ごはんはまた長時間かける。風呂は一度入ると明け方まで入っている。つまり、食事と風呂で一日終わってしまう。ほかは、最初に会ったときにツバ吐きがひどくて、ティッシュの箱を五つぐらい持ってきて、それを一時間ぐらいの間に本当によくこれほどツバが出ると思うぐらい、どんどんツバを吐いている状態でした。

私は「正直言ってこの方をお引き受けするのは妥当ではない。まず医療で診てもらっていただくことだ」と言いますと、「実は、この人はしばらく精神科に入院していたのだけれども、病院の中でこの人とコミュニケーションできるような手話ができたり、なんらかのはたらきかけをしたりするということがなくて、とうとう拒食状態になって経管栄養になり、かわいそうなので施設に引き取ったのです。いまは口から食べるようになっただけましで、病院に連れていくのはかわいそうです。投薬をしてもあまり状態は変わらないのです」と言われました。

どうしようかとすごく困ってしまいました。しかも私の所まで通ってくるのに片道二時間近くかかるのです。Aさんは強迫傾向が強いので電車に長く乗り続けられなくて、何度も途中下車するため、最初は三時間かかって来所されました。私はそれに見合うようなことができるのかと、本当に立ちすくむような思いでした。

Aさんはそういう強い内閉状態ですからほとんど人と視線を合わさないので、少し手話ができるのですがそれもほかの人のを読まないし、自分もほかの人に向かって手話をしないという状態でした。そういう状態なのでふだん自分から表現することがないけれども、私の所へ来る道すがら小さな動物のヒヨコや、道端を捨てられた子猫が走っているのや、乳母車の赤ちゃんがいるとじっと見つめて、いくぶん表情がなごむように見えると付添いの職員が言われたので、私がハッと気づいたことを言いました。

こころを通わせるチャンネルを求めて

この施設の職員たちは、いまは一人ひとりの気持ちをその人に応じて理解することが必要だというようになりましたが、当時は大変仕事量も多く忙しいので、どちらかと言うと規則に従える人になるように集団として律するというのが主たる方針でした。ですから私のそのときの発想を、とても甘いというか、奇異に思ったようで、「この人、こんな状態なのにそんなこと考えるのですか」と、即座にクリティカルな反応がありました。

どういうことかと言いますと、Aさんは中国北辺の寒村で育ち、しかも親が村の中で虐げられ、そしていまその親とも引き離された日々を暮らしている。そしてまた気がつくと手術が終わって前よりももっと聞こえなくなっている。世の中は自分に対してポジティブなものをほとんど与えてくれない。しかも変化は予期せず突然襲ってくるので恐ろしい。

Aさんの基本的な世界像はそうしたものではないかと思われる。そういう人が乳母車の赤ちゃんや子猫を見て、自分はもう三〇歳を過ぎているけれどももう一度あんな小さなときからやり直せたらと思う。あるいは世の中にいろいろな葛藤があることをまだ知らない時期の無心に生きている赤ちゃんや生き物の姿を見ると、自分もかくありせばという気持ちが起きる。私はそうではないかと思い職員にそのことを話したのです。

そのときお母さんが一緒に来談されていたのですが、私がいま思ったようなことを想像しながら、「ご苦労なさったのですね。この人はいまこういう状態だけど、本当に世の中が恐くてたまらない。何か表現なんてするよりも、まわりから襲われるのではないかという基本の不安がものすごく強い。本当に苦しい思いをされたのでしょうね」と言いますと、お母さんは、「娘もそうですけど、私のほうがもっと苦労しました」とポツリと言われました。私は本当にそうだろうなと思って、「正直に言って、私はこういうことをどうするかという専門でもないし、これから模索するのですが本当によろしいのでしょうか。こうやって遠方から月に一回職員がついていらっしゃるというんですけれど、いまより状態がよくなるかどうか…とにかく努力致しますが、心理的援助を受けることに同意なさいますか」と言うと、「ぜひお願いします」と言われました。

通訳してくれる職員は、本当に一生懸命彼女に私たちの意図を伝えようと手話をするのですが、人と視線を合わせないでかたくなにツバを吐いていますから、コミュニケーションが成り立ちません。そこで、小さな動物が好きということなので、次回は私の家の猫を大学に連れてこようとふと思いつきました。

マーゴという猫で、バスケットに入れて大学に連れていきました。マーゴは外に出るとわりと心得ておとなしいのですが、かごから出ると面接室をチョロチョロッと歩きました。するとAさんとお母さんが、硬い表情をつくっていたのがにっこり笑って「マオ！」と、二人が期せずして言いました。「この人笑えるんだ」と思いました。マオというのは中国語で猫のことだそうです。しかも、この人は聞こえないのに、声を出してマオと言ったのです。そのとき、「少なくともこの人はいまよりは変わっていけるのではないか、そのチャンネルを私たちは探していこう」と思いました。だから、もしこの猫がいなかったらどうなっていたことでしょう。

この事例を長々と話すのが目的ではありませんが、こういうきっかけでこの人は少し視線を合わせられるようになったので、この人にペースを合わせながらいろいろ具体的なかかわりを試みていったのです。すると、食べることに大変関心があるようでした。食べるというのは非常にリグレッシブなおおらかな状況になるわけでして、食べ物の出し方で心持ちが伝わります。菊池寛（一八八八〜一九四八。大衆小説の神様と言われた作家。現在の文藝春秋社を創設）のエッセーに、「夫婦げんかをした後で、論理的な解説をしてあやまったり、弁明をするよりも、上手にいれたお茶とかおいしい味噌汁を飲むと気持ちがなごむ」というのがあります。小学生の頃は戦後で本が乏しく、手当たり次第に乱読しておりまして、「これだ！」と思ったことでした。

実は、こころというものはさまざまなふるまいによって伝えられる。食べ物は大変多くのメッセージを含んでいます。それで昼ごはんどきを面接の時間に設定して一緒に食事をすることにしたのです。季節にかなって彩りがいいように、Aさんが好きそうなものを出す。ところが、時間がかかって終わらないのです。なにしろはじめは食事に手が出ない。そこで、Aさんは猫が好きなので、大急ぎでありあわせの紙に猫をテーマにしてそのときの状況の絵を描くと、それを見てニッコリ笑ってそれから食べはじめることができるようになりました。猫がピンクなのは変なのですが、Aさんはピンク色が大好きで頭のリボンもピンク、服もピンク、スニ

ーカーもピンク、手提げもピンクだったので、それならピンクづくしでいきましょうというので猫もピンクにすると、彼女はまた喜んで食べはじめたのです。

現実原則の会得

このようにAさんの基本を大事にしながら、少しずつ行動のレパートリーをふやすように新しい経験をして、「おや、世の中って怖いものだけではない」と思えるようになる工夫――絵手紙を書くとか制作するとかをしていくうちに、この人の強迫症状はずいぶん軽くなっていきました。

けれども、なかなか我が強くて自分の思いは絶対遂げたい。たとえばスタッフと一緒に昼ごはんを買いにいき、ついでに自分のティッシュを買ったりします。自分でもティッシュを使うのをだんだん減らそうと思っているのですが、帰りの電車賃がなくなるくらいティッシュを両手にいっぱい買おうとする。はじめのうちはなるべくAさんに合わせていたのですが、次第に現実原則をしっかり会得していくようにし、そして一方では決してあなたの存在を否定しているのではないという柔らかな受容をするということをしました。この両方をバランスよくやっていきながら、だんだん現実原則を納得し、それに従って振る舞えるようになってもらうことを考えます。それでそのとき買い物に行ったスタッフが、一度払ったお金をレジの人にわけを話して返してもらって、「あなたはこんなに買ったら帰りの電車賃がない。電車賃を人にもらったり貸してもらおうと思ってそういう買い物をしてはいけない」ということを、不十分な手話と筆談とで必死の思いで言うと、彼女はプンプン怒りながら減らされたティッシュを抱えて帰ってきました。

怒っていて昼ごはんに手をつけようとしなかったので、私がさっきの一連の猫シリーズで、猫が両手に持てる範囲のティッシュの箱をぶら下げている絵を描きました。そのとき私は、Aさんはもうピンクでない少しリアルな猫で、リアルな現実の原則を知ってほしいと思い、普通のアメリカンショートヘアの色をつけました。ですから、絵を一つ描くのにも、そのようにクライエントのいまの状態に合わせて、どこまで受けいれられるかと工夫しながらやっていったところ、ずいぶん状態が変わってきました。それまでは本当に自分本位で、食事のときもスタッフの分まで食べ、それから残りを人のものまで持って帰ったりしていたのですが、このごろは適切な量に止める。それから買い物してきたパンを配るのも、いかにも油ものを好きそうなスタッフには油ものを、私には軽くて小さなものをというようにその人に合ったものを置くようになりました。

人の分まで食べていたのにそのようになりましたし、まだ十分社会的ではありませんが、感謝の気持ちを表そうとされます。来る途中で大きなターミナルを通るのですが、限られた乏しい小遣いでは私たちにプレゼントなどできないわけですけれど、シャンプーの見本を配っていたら、同行した職員が恥ずかしくなるぐらい何個もねだり、彼女と会っている私たち二人にプレゼントしようと思って持って来る。そのように外に気持ちが向くようになりました。それから施設の中でも、ほかのもっと体の不自由な人をいたわって車椅子を押すというふうに変わってきています。

つまりこれが、私が考えている心理療法のやり方の一端なのです。クライエント一人ひとりに合わせて、オーダーメイドの洋服をつくるようなもので原型はあるけれど既製服をこちらの好みで着せるような心理療法ではなくて、原型をもとにその人に合ったデザインで、それもそのときどきに見合った方法でやっていくことが必要ではないかということを、こういう聞こえない人とのやりとりの中で改めて思いました。

スクイグル法を試みる

職員たちからは「いったい心理的援助って何ができるんですか」と言われ、最初は「お手並み拝見」的雰囲気もありました。症状が本当に重くて自分の殻に閉じこもっていたり、あるいは妄想の世界に住んでいたりでやりとりができないと思われる人にもその人なりの必然性と世界がきっとあり、それをこちらに近づけるというだけではなくて、私たちがそれに近づく努力が要るのではないか。そういう意味で、誰でもできるようなやりとりをしてみようということになりました。

たとえばスクイグル法をしてみました。スクイグル法というのは何気なく描いた線を相手と交換して、相手の線を眺めて、その線をもとにしながら浮かびあがってくるものを絵に描くのです。スクイグル法が難しい人にはちぎり絵をしてみました。さまざまな細かい紙をちぎって張り絵をし、自分はこういうものを作った、そしてその作ったものが人から評価されるという実感をもたせるものです。重い症状の人にはスクイグル法のやり方を説明してもとても無理です。先ほど少し申しましたが、この施設に入っている人たちは就学したことがない、あるいは学校に行ってもすごくいじめられ、家族の中でも孤立していて、自分のやったことについて評価されたという経験が非常に乏しい人が多いのです。それでそういう人といろいろなものをつくったりしたときに、決して高価ではありませんが額縁を用意して額に入れて飾ったりします。するとこんな何気ないことが生まれてはじめてだというのでものすごく喜んで、自分の部屋に飾ったり、施設の玄関に飾ったりされました。

Bさんは施設で縫製班に所属している人ですが、六〇歳を過ぎた独身者で家族縁が薄い人です。知的障害がそれほど重くないので、施設のそばのアパートに一人で暮らし、食事をしに通ってきます。いつも自分で自分に向かって一人手話をするだけで、人とコミュニケーションできない。妄想の世界に住んでいて、統合失調症だろうということで投薬をずっと受けてきたけれど、その状態があまり変わらないという人でした。Bさんはスクイグル法ができます。Bさんが描いた絵の説明を聴きますと、お母さんと留守番している子どもが描かれていて、子どもが外に出かけているお母さんに向かって「お母さん、早く帰ってきて。さびしい。早く帰ってきて」と電話をしている絵だというのです。

聞こえない人が電話で「お母さん、帰ってきて」という絵を描く。これはしかも家族に縁のない人の痛切な気持ちの表れです。Bさんは一人でアパートに帰るとき、夫が家で待っているとか、子どもに食事をさせなくてはと言うので周囲にはますます非現実的に思われ、この人とはコミュニケーションができないと言われていたのです。けれども、この絵は本当に語って余りあるものです。「私がもし本当に言葉で人とやりとりができて、気持ちが通じて、そしてお母さんと呼べるようなそういう対象があったなら。だけど独りぼっちだ」。Bさんは健康と言えない部分はありますが、そうと決めつけてBさんの世界に近寄ろうとする努力をしなければ、向こうからこちらのほうに歩んでくることは非常に難しいのではないかと、この絵を見てすぐ私たちスタッフは思いました。そういう気持ちでいっぱいになりました。

私と一緒に行っている若いスタッフが、リボンをつけたカバの絵を描きました。このカバのムーミンを見て、もう六〇歳を過ぎたBさんは「赤ちゃんになった私」というのを描いたのです。丸々と太った本当に元気いっぱいの赤ちゃんで、乳首をくわえています。私が、「健康そうな赤ちゃんね、元気で」といろいろ思った通りを言うと、彼女は「そうだそうだ、乳首を吸って幸せなんだ」と言いながら、自分も乳首を吸う真似をします。そうしているうちにどんどん涎《よだれ》を流しました。スクイグルを始める前は険しく、硬い表情をされていたのですが、とてもにこやかになりました。そのときは三回ぐらいスクイグルをしましたが、「今日は気分がよくなったから、もうこれでいい」と言って帰宅されました。

このやりとりから、それがたとえ現実でなくても、その人にとっての一つの大事なイメージを描くことで、いまよりももっと大きく崩れるのを守ることがあるというのがわかります。常にあるとは言えませんが、それが仮に症状と呼ばれるものであっても、症状はただいたずらに消せばよいと言うよりは、それを出すことによってかりそめの安定、もっと大きく崩れるのを守ることもあるのです。職員たちにそういうことを話しましたら、職員の方々の対応もだんだん柔らかくなりました。

その人に適したチャンネルを探す

　ここは入所者一人ひとりが、本当に難しい適応上の問題を抱えていて、対応していくときによく考えなければならないのですが、Cさんという二四歳の青年は、自閉症の上に聴覚障害がある。しかも兄にも精神的な問題があり、お母さんは手話ができません。お父さんも忙しくてほとんどこの人にかかわらない。兄は自分自身の問題で手一杯のため、兄とのやりとりもない。お母さんはもう一方の兄のほうにかかわっていて、Cさんは小さいときから二重の障害をもちながら、かかわりを人からあまりもたれないで育った。施設ができたのでとにかく預けようということで入ってきた人です。

　この施設は二人一部屋で暮らしていますが、Cさんは同室の人にはもちろん、職員にも自閉的な態度でコミュニケーションをほとんどもたない。いつも硬い顔をしていて、黙々と食事をし、作業班で黙々と缶をつぶしている。あまりにも反応が乏しくて、「こういう人には何かコミュニケーションのきっかけがありうるのでしょうか」と職員から訊かれました。

　確かな返事ができる見通しはありませんでしたが、Cさんの趣味を訊いてみました。この施設は田園地帯に所在しています。Cさんはどこからそんなに上手に見つけるのかと思うくらいカタツムリをたくさん集めてきて、部屋でカタツムリを飼っています。ですからCさんと同室になる人はカタツムリと同居することを許容できる奇特な人が一緒に住んでいます。でも、本当はカタツムリがたくさん飼われていることはあまり好ましくないということでした。

「とても絵なんか描くことは難しいでしょう。そういうことはやったこともないし、スクイグル法なんか無理だ」と言われたので、それでは貼り絵ならば、紙を切ってあればそれを糊をつけて貼るだけですからできるのではないかということで試みました。手話がわからない人なので、何枚かの貼り絵を作って、目の前で少し実演して「こういうのを貼っていくとこんな絵になるんだけど」というのをインストラクションとしてやりました。たとえば季節の果物ですとか、みんなが経験する暮れの餅つきですとか、施設の誰もが「アッ、あれだ」とわかるようなものを、私の研究所の人や院生にも手伝ってもらって何種類も作ってみました。

たとえ聞こえなくても何かのチャンネルで自分が表現すればそれに呼応する相手がある。呼応されることは人として本当に快いことで、応えられたことに対してまた自分が表現すれば、そこでやりとりが展開する。そういうきっかけで始まっていくことが、いろいろな不適応症状をもつ人が少しでもよくなることに役立つのではないかと思ったのです。Cさんのためには大学でカタツムリの貼り絵を作って持っていきました。すると、彼はカタツムリを見て、聞こえない人独特の声をあげてニッコリ笑いました。笑うとは思っていなかったのですが、私たちが作ったサンプルよりも上手に、模様の入っている色紙を使ってカタツムリの貼り絵を作りました。

彼がこんなことをできるとは職員も思っていませんでした。アッというまに比較的完成度の高いものを作ったので、みんな「へえーっ」と感心しました。彼もできあがったのを近づけたり遠ざけたりして見て、満足げに喜んでいました。帰るときはいつもうつむき加減で、歩き方もぎごちなく体の協応性が乏しい人でしたが、この日は部屋を出ていくときに自分がカタツムリになったつもりで頭に指で角を立てて、なんと、スキップして出ていったのです。それで職員がみなびっくりしてしまって、「どこでスキップなんて覚えてたんでしょう。あの人がスキップするなんて」と言われました。「この人はどうせこれだけ」というのではなくて、よく観察し考えて、どこかチャンネルを探さなければという気運がこの経験を契機に職員のあいだに少し生じたように思われます。

人間としての誇りと責任

いちばん最初に年の暮れに行ったとき施設の職員から、「自分たちが非常に困っている人がいる」という話がありました。Dさんは施設を立ち上げるときに募金活動をしたのを見ていて、施設から逃げだしては募金と称し個別訪問してお金をもらうということをやるのです。署名活動をしながら募金をすると、集合住宅などでは隣りが千円出すと自分も出さないとおかしいというので軒並み千円出します。一回で数十万円のお金が集まることもあったようで、それを一瞬にして遊びに使ってしまう。

何度も逮捕され送検されました。Dさんは止めてある自転車に勝手に乗る。それは使用窃盗になります。先ほど文の構造が違うということを言いましたが、検事が「何故自転車を盗んだのか」と訊いても、この人の語順からすると「好きだ、自転車、乗った」となり、対応が難しい。Dさんは逃げだした回数も多く、及ぼした被害もかなりのものでした。これが健康な人でしたら、おそらく社会的に自由ではいられないだけのことを犯していました。しかし、矯正施設に入っても、こういう人とコミュニケーションできる職員もいないし対応に困るから、現在入所中の施設がしっかり監督して、悪いことをしたりしないように外に出すなということでそのまま施設にいるが、何とかならないかと言われたのです。

これもまことに予期しないことで、困ってしまいました。考えてみますと、人間として誇りをもつということは、厳しい結果であっても自分の行為を引き受けて責任を負えるということです。けれども、Dさんは聞こえないがゆえにコミュニケーションが成り立たず、したがってDさんに人間として責任を問うことは無理だと断じられたのです。だからとにかく罪になるようなことをしないように施設の中に閉じこめておけということです。これは処罰されないからよいという見方もできますが、しかし、これでは一人の人間としてきちんと相対することが、いまの制度の中でなされていないということです。

相手のあり方を理解する努力

施設ではDさんに辟易《へきえき》していましたが、かと言ってDさんが行けるような所はほかになく、どうしようかということでした。私は、やはりDさんの生活史、個人史をたどってみることで、彼のいまの生活がそうあることの必然性が腑に落ちるのではないだろうかと提案しました。

Dさんは男の子ばかりの末っ子で育ちました。耳が聞こえないので反応しないのを、はじめは重い知的障害プラス自閉症と思われました。家が貧しくて両親は育てられないということで、乳児期から施設に入れられたのです。施設の中で聞こえない子だということがわかったのは学齢期になってからで、それまでは返事をしないので態度が悪い子と思われ、職員からも周りの子どもたちからも非常にひどい扱いを受けたようです。そして家に一時引き取られますが、兄たちはこういう弟がいることを知らないまま彼が戻ってきたので、家でも兄たちやお父さんから大変な暴力を振るわれた。こういう歴史をもっているらしいということがわかりました。

私はDさんの行為をよしとして是認するのではないけれど、そういうことなのかと腑に落ちるためには点から線、線から面、面から立体、立体プラスアルファというように、一つの素材をもとにしながら想像をめぐらし、いろいろなことを思い描くことが必要ではないか。そうすることによって相手のあり方を理解できるようになるのではないかと言いました。するとDさんの担当の職員は、忙しい仕事のあいまに昔の養護施設の職員を訪ねあてたり、聾学校の退職した先生を訪ねあて、当時の様子を聴き、Dさんがものすごくつらい幼児期、児童期、青年期を送ってきたということを実感をもって理解したのです。

そうしたやり方がだんだん広まってきて、いまも万全ではないのですけれど、Dさんは以前は飛びだすと警察につかまるまで音沙汰なしでしたが、最近は途中で連絡をしてくるようになりました。「これから帰ります」と言って帰ってくるようになられました。ずいぶん変わってきたと思います。職員たちもよくやっておられて頭が下がりますが、みんなの意見は相半ばしています。変容を認めて「帰ってくるのがあたりまえ」というのと、彼は「こうやって帰ってきたぼくをほめてちょうだい」と言うけれど、「三〇歳過ぎの大人ではあたりまえでほめられない」というのとです。

難しいとは思いますが、きめ細かなステップを踏むということと、現実原則の基本を忘れないということをバランスよく組み合わせていくことを、職員の方々に話しています。なるべく施設全体がよい意味での精神的、治療的風土となる方向に変わっていければよいと思っています。

Dさんと最初にスクイグルを行なったスタッフは、「前進するカメ」を描きました。焦ることはない。でも、いまのままではだめだから、カメの歩みでいいから少しずつ変わればよいとひそかに願って、スクイグルでカメを描いたのです。Dさんはそのように自分に呼びかけてくれた相手は、どうやら自分の気持ちに添ってくれようとしているらしい。Dさんはひどくいじめられたせいで、身長は私より低く、顔の表情は年よりも老けた苦悶の表情です。そして左半身には小児麻痺の後遺症があるというように、重い、いろいろなものを抱えている人ですが、彼は殻から出てきて太陽を見ているカタツムリを描いたのです。

施設では彼とやっていくのは本当にたまらないので、どこか引き受けてくれる所はないかと思っていたのですが、次第に少しずつ変わってきてこういう絵を描いたので、相互に気持ちが少し通じはじめたのではないかと思いました。

最近では長期の遁走はなくなり落ちついています。

きめ細かなかかわりによって変わる

Eさんもきめ細かなかかわりによって変わるのではないかということで、私どもの機関に月に一回職員と一緒に通ってくることになりました。施設というのはずっと同じ場所で、同じメンバーが顔をそろえていますが、東京にある機関にくる道すがらいろいろな経験がありますし、違った場所で会うということが世界を広げていくことになるのではないかと、遠方ですが大学へ月一回来所してもらうことにしたのです。私は思い切って体を使うのがよいのではないかと思い、卓球をやることにしました。私は中学校のとき、家には補習授業に残ると言いわけして真っ暗になるまで卓球に打ち興じたことがありました。かつてはオートバイにも乗りましたし、運動が少しできるほうです。彼は、私が高齢で、ふだんの様子からして卓球など下手だろうと思ったようです。もう一人の若いスタッフは卓球があ

まり上手ではなくて球が山なりに行くので、彼もその人に合わせて山なりの球を打ってい
て、私にも山なりのをくれたのです。でも私がシャープなスマッシュを入れましたら、本
当にびっくりという顔になりました。ところが、Eさんも本気でやりだすとすごく上手で、
私といい勝負になりました。

彼はそれまで自分の過去を振りかえって何も話さなかったのですが、唯一楽しかったの
は聾学校の中等部のときに卓球をやっていて全国大会で六位になったという、誰も知らな
かったことを思い出して、とつとつと言ったのです。つらくいやなことばかりと思われて
いたEさんにそういう貴重な経験があるということがわかったのです。

彼は自分から経験を他人に話す人ではなかったそうですが、施設に帰って、「今日村瀬
さんを負かしてきた。でも、村瀬さんは見かけよりはなかなか卓球うまいんだ」と伝えた
と、職員が話してくれました。ちなみに、私はこの施設では教員ではありません。この施
設は入所者のことを仲間と呼ぶことにしています。私も、それから私と一緒に行っている
スタッフも、みんな「さん」づけでお互いを呼んでいます。

おわりに

一見したところ相手と自分の間にコミュニケーションのチャンネルがほとんど見つからないのではないかと思えるようなときでも、それから手話も上手でなくても工夫していくとそこに何か糸口ができてくる。そして何度もくり返しますが、責任がとれて相手に害がないというようないろいろな方法を考え、柔軟に組み合わせながら考えてかかわっていくことが必要ではないだろうかと思います。

その個人に適したチャンネルを探すこと、それからまず、その存在をよしと受け止められる経験がいるのではないだろうか。とにかくどこかを変えようと考え探す前に、その人を人として遇するという気持ちにこちらがなること。私たちはすぐに「何々のために」という目的意識によって行動しがちです。これはこれで大切なことですが、原点で自分の存在の基盤が危うい と感じている人には、もっと純粋に「楽しい」「嬉しい」という経験にまず出会ってもらうことが必要ではないかと思います。それをどうしたら提供できるのか。「自分はこの世の中にいてもいいんだ」という居場所感覚を贈ることができなくてはなりません。そういう意味で、人というのは自己表現すれば呼応してくれる対象があるということを知ってもらう。だから十分でなくてもその人のチャンネルに合わせて応えていくという工夫がいるし、どこかつながることができる接点はないのか、手につくところから探すことが必要です。

これは先ほど言ったことですが、自分一人で万能感にとらわれてやろうというのではなくて、職員やいろいろなチームワーク、連携をもっていくことが必要で、考えていることの原理や原則を誰にでもわかる平易な公共性のある表現で、一緒に仕事をする人に伝えていくことが必要です。

そういう意味で当面の問題と長期の課題を確かめて、クライエントの資質、それからこれまでの生育歴、家族や地域の状況、当事者の希望などを考えあわせて、まず手につくところから孤立や焦慮を和らげる方法を探していくことが必要です。そのためには再三言っていますように、柔らかな受容と確かな現実原則という一見矛盾して難しいことを、バランスよくその折々に考えてどう提供していくのか。つまり、そうした統合的なアプローチが要るだろうと思います。

さて、本来心理的な援助というのは、原則的にふだんの生活がつつがなく健康に営まれている中にある人間関係のかかわりの様式が理論化され技法化されたものと言っても過言ではないと思います。そう考えてみますと、本当は質のよい援助というのは、きらきらと輝くようなテクニックや理屈を鋭く言う心理的援助よりは、生活全体の質の向上にどうつなげていくのかを考えていくものではないかと思います。コミュニケーションがもてるというういちばん根本は、実はこういうことではないかと思います。

本日はいま自分が模索していて、方法論としてまだ門口に立ったばかりのことをお話ししました。子どもと家族のさまざまな心理的問題を対象とする臨床実践をしてきまして、静かに店じまいしようと思っていたところに、こういう大きな課題に出会いました。このことは、もっと謙虚に自分のやってきたことを振りかえって、さらに深く考え、勉強し、工夫することは山ほどある、精進するにようにと、何か大いなる意思が静かに私に教えてくれようとしたのではないかと思います。

こころをこめた日々の営み――被虐待経験からの回復を支えるため

はじめに――ある調査から

私は施設の職員として勤務した経験がありませんので、日夜生活を共にして苦労していらっしゃるみなさんに対してお話しするのは、とても僭越《せんえつ》な気がします。しかし私が養護施設というものに関心が、というよりこういう世界を知りまして、その後いまから一二年ほど前に、「それでは、さようなら」とはとても言えないという経験をいたしました。今日のテーマに関係することなので少しお話しさせていただきます。

一七年くらい前のことです。ある学会の「近代家族の行方」と題するシンポジウムに、臨床心理学者という立場でシンポジストとして発言するようにと招かれました。席上、家族が大きく変貌していく、これから家族というものはなくなる、あるいは家族は必要ないというような説を述べる研究者や、家族法も大きく変えて同性結婚を認める、家族という概念を大幅に変えたらいい、というような意見を述べるシンポジストの方々がいらっしゃいました。そこで、ふと思いましたことは、そういう議論をしているのは、当然のことながら社会の中核にある大人なのですね。しかし子どもたちは、家族という概念をそのように大きく変えてしまう、これまでのような父と母というものが家族の中核にあるというのはとらわれだというような考え方を、本当に望んでいるのだろうかということです。そこで次の世代を担う子どもたちの、素直な気持ちを聴いてみたいと素朴に思ったわけです。そういう調査をするときには、ふつう、調査票を配って書いてもらえば、大量のデータがすぐ集まり数量化でき、スマートに処理もできますけれど、私はやはり直接子どもと会って、子どもが安心して話す中で、本音を聴きたいと考えました。大人が議論しているようなこれからの社会とか家族ということを、子ども自身が内心望んでいるのかどうかを直に知ろうと思ったわけです。

はじめは言葉の話せるようになった保育園の三歳児から就学前の子どもたちに、子どもが親しみやすく感じるような熊の親子がいる非常に典型的な生活の場面の絵を何枚か見てもらい、その絵についてお話を作ってもらいました。そこで、子どもは「やっぱりこういうことはお父さん熊としたい」「これはやっぱりお母さん熊だ」などと、かかわりたい大人を選びながら、私はその子の中にある生活の記述にこころを傾けました。そのことで子どものもっている家族についてのイメージが捉えられると思ったのです。そうしたところ、大人よりも子どもはいい意味で保守的でした。子どもは実態に即応して、父なるものと母なるものそれぞれの特質を子どもの言葉で捉えていて、その両性の親がこころを通わせぉ互いに特徴を発揮して、仲のよい家庭を築いていくのがいいなあ、と。それは一見あたりまえのことですけれども、子どもはとても真剣にそういうお話を作ってくれたのですね。

また驚いたのは、さっきまで知らなかったおばさんが来て絵を見せてお話作りをすることをいやがるかと思ったら、とても喜んで、一人一回で終わるつもりなのが、「もう一回やるやる」と言って、多い子は四回、一回で終えた子はいませんでした。もっと考えさせられたのは、その子その子がもっている父親や母親に対してのイメージは、何回聴いても同じだったことです。三歳児でもそうでした。これらのことから、子どもはいい意味で保守的である、むしろ大人のほうが観念から少し先取りしたような議論をするところがあるんじゃないかと思ったわけです。

そこで今度は同じことを小学生や中学生、高校生にもしてみたところ、やはり結果は同じでした。サンプルに偏りがないよう、だいたいこの世の中の縮図になるようにと、地域の公立の小学校、中学校、それから高校は、トップレベルの進学校と、中堅と言われている公立高校、それから学年の六割以上の生徒たちが、単身の親、もしくは親と暮らせていないという定時制高校の生徒と、全部で四六四人の子どもそれぞれに話を聴きました。

実のところ、忙しい生活の中にいる子どもたちはみんな、見知らぬ私にこんなお話をすることなどいやだと言うと思ったのですね。その子の家庭がどうなのか、お母さんがどんな人かというのを聴くのが目的ではなく、その子が家族というものをどう思っているか、大人になったらどういうことをいちばん大事にしたいかというようなことを聴いていくのですが、しかし家族は人間にとって生きていくいちばん根幹の事柄ですから、それは自ずとどこかその人の生活に触れますね。なかには、いま家がごたごたしている子どもとか、突然お母さんがいなくなったという子どももいるだろうし、きっとこういう調査はいやだと言う子が出てくるのではないだろうかと思いました。

それで、もしそういう子が一人でもいたら、私は途中でこの研究はやめようと思って始めたのです。ところが、どの子も話すことをすごく喜び、話を聴いたあとに「どうもありがとう、時間を取ってくれて。お話、とってもいろいろ考えさせられた」と言うと、だいたい九六、七パーセントの子どもが「ありがとうございました」と返してくれて、使ったカードなんかをそろえてくれました。そして、担任の先生が、ホームルームの時間に「どうだい、君たち。あの調査、どうだった？」と訊かれて、先生は「つまんない、やだよ」という答えが返ってくると思ったところ、口々に「面白い、面白い」という答えが返ってきて、先生は「何であれが面白いんでしょうか」とおっしゃいました。私も何故だろうと思いました。授業の邪魔にならないよう二〇分休みや昼休み、放課後に行ない、決してこの調査のために教室に入るのが遅れてはいけないと、ベルが鳴る少し前に「途中だけれど、もうおしまいね」と終えようとするのですが、「じゃあまた続き話すよ」と言うのです。それで、いつ、どこどこで待ってるね、と約束するのですね。

学校では面接室を用意してくださったのですけれど、私はそれぞれの生徒にどこで話したいかを訊きました。その子によって場所が違うのです。保育園の子どもにどこで話したいかと訊くと、ある子は一緒にピアノの下に潜ってやろう（笑）、ある子はここがいいと言って私の膝に座り、ある男の子は「ここがいい」と肩車をして後ろからこうのぞき込みながら話す。小学校でも中学校でも、面接室で話をしようと言った生徒はあまりいませんでした。校庭の号令台に腰かけて陽光を浴びながら足をぶらぶらさせて話すとか、階段の踊り場も意外に人気があるんですね。ちょっと屈折して、何か、この子はいま毎日が少し重いんだなという子は、「落ち着いたところに行きましょうよ」と言って、何だか足もとがじとじとしたような北側の日の射さない校舎の裏のところで話しました。

子どもたちがこういう会話を喜んだということは、私としてはやはり嬉しいことでした。けれども、それは逆に言うと、本当に聴く、語るという経験が乏しいのではないか、と思ったわけです。

私はこの調査を一九八八年から開始しましたが、それからほぼ一〇年間をおいて、一九九九年と二〇〇〇年とに、同じ地域の保育園、小学校、中学校で、もう一回同じ内容を尋ね、いったいその間に子どもたちのどこが変わってどこが変わらないか、ということを知ろうと思いました。

一〇年前も二〇〇〇年当時も「大人になって大事にしたいもの」は何かという問いに対して、「家族・家庭」が一番に選択されていました。ただ一〇年前はこれを選ぶ子どもは二三パーセントくらいでしたが、二〇〇〇年当時になりますと、七割以上が何といっても家族だと言うんですね。そして、あまり考え深いというふうには見えない、いつも教室で注意されているんじゃないかなあと思えるような小学生が、「これは時々やるんですか」と訊くので「いいえ、今回こちらの学校でお話を通してくださったので、一応今回のみ」と答えると、「これは毎年年度のはじめに一回やるといいと思います。何故なら僕はあれから自分について考えるようになりました」と小首をかしげながら言うのです。また別の生徒さんは、「あれをやると誰でも考え深くなると思いますから、たまにやるといいんじゃないでしょうか」と言いました。

また真冬に定時制高校に行ったとき、九時四〇分頃に授業が終わると、もう寒くて誰も残っていたくないわけですね。それを、バイクに乗ろうとしてヘルメットを持っている生徒に、「あの、本当に申し訳ないんだけれど、私は直にあなたたちの率直な意見を聴くことで考えたいと思うので、話を聴かせて。簡潔にポイントをつかんで一〇分で終わりましょう」と言ったのです。「しょうがねえな、じゃあ一〇分だぞ」と言いながら話してくれました。ところがそのうち、そういう立ち入ったことを聴こうと思っていないのに、「自分はもう何度も逮捕歴があって、先が閉ざされている」とか、「失業した父親がまったく家に居場所がなくて、見ていても切ないけれど、自分は何の手助けもできない。男もああなればおしまいだ、結婚とは恐ろしいものだ」とか、どんどん話しはじめて、ふっと気がつくともう四、五〇分たっている。「あ、一〇分って言ったのにごめんなさい。もう一〇時過ぎた」「いいんだよ。俺、時間はいっぱいあるんだ。もっと話したい」という例がほとんどでした。進学校の生徒たちも、少しでも勉強に時間を使いたいだろう、負担になると思いきや、「あれをすると気持ちが整理できる。非常にためになるから受けたほうがいい」と、予定の人数より希望者が出てきた、というくらいでした。生活の基本の中に、私たち大人は本当に聴くということをこころをこめてしているのかと、非常に考えさせられました。

児童養護施設の子どもたちとの出会い

このような中から、家族と一緒に暮らせない子どもは、大人になるときの拠り所を何に求めながら、そしてそれはどのように形作られていくのであろうかと考えました。それを捉え理解することにより、子どもの成長変容に必要な要因が実証的にわかると考えたのです。一方では当事者にとっては何か傷口に触れるような部分もあるのではないかとためらっていました。

ふと、ある児童養護施設の園長先生が、「大事なことでありながら、そういうことを真っ向から考えたということは、わが国では一回もなかった。うちの子どもたちに訊いてみてください」とおっしゃって、その学園に伺ったのが一二年前のことです。

私は、どこかの部屋に子どもたちを次々呼んで、「はい面接」などと話をするのは、いろいろな意味で不適切だろうと思いました。もし子どもが本当に私と話したいというのでなければ、私の関心がそこにあっても訊くべきではないと思い、差し支えのない程度に子どもとの自然な日常の生活の場面を共にして、そこで話を聴く、その内容を後でまとめたい、と思って始めることにしたのです。園長先生は「一緒に食事をされて、そのときにみんなに紹介しましょう」とおっしゃられ、夕食のときに子どもたちに紹介されました。突如紹介され説明されても、イメージがつかめない子が大半だろうと思いながら、食事もあんまり喉を通らないような気持ちのまま終わりの時間になりました。すると一人の子どもが、「ねえ、おばさん、馬跳びしたことある?」と訊いたので、「あるわよ。小さいとき」と答えました。「だったら馬になって」と言うので馬になって、その子が私の上を跳んだら、ほかの子が次々「僕も」「私も」と出てきたのです。さすがに中学生は跳びにきませんでしたけれど、だいたい小学校高学年くらいまでの子が順番に跳びにきました。それぞれの子どもの体格に合わせて、私の馬は高くなったり低くなったりしまして、跳びにきた子はみんな、一応跳べる。そのときに私は、「あ、これは子どもが選んでくれたんだ。だから子どもの話をやっぱりきちんと大事に聴いて、意義のあるようにそれを生かさなくてはならない」と思いました。

そうして学園の子どもたちのお話を聴くことが始まりましたが、同時に養護施設の現実の厳しさを知りました。いま、子どもはひと家庭に平均一・三六人(二〇〇二年には一・三二人)ですのに、養護施設では法律的には子ども六人に職員一人です。東京都は五人に一人ですけれど、これは大変な基準です。スペースから考えてもいろいろなことを考えても、

「この現実の重さ」について考えました。しかも夏休みも冬休みも、どこにも外泊に行く先がない子どもがいることを知って、私はつい、「ちょっとうちに来られるような子どもさんがいれば、夏休みに如何でしょうか」と申しました。しかしそれを知った知人はだいたいみんな反対しました。「あなた、そんなのいいことをやっているつもりだけど、子どもをもっと不幸な気持ちにさせるのよ。あなたの家に行って、あなたの暮らしを見たあとで、その落差でよけい自分の不幸を実感したりもっとひねくれるかもしれない。そんなことやらないほうがいい」と言う人もありました。しかも「施設に迷惑をかける」と言われたのですね。そこで私は「そうかなあ」とも考えて……、それは一つの理屈かもしれないけれど、もともと世の中はさまざまな要因があって成り立っているわけです。私はやっぱり、一つひとつの事柄を手につくところからやってみて、反省すべきところがあったら、そこで考えることのほうが意味があるように思いました。そして実際子どもたちをお招きしてみると、そういう心配は要りませんでした。子どもたちはみな、それぞれの言葉でお手紙をくださるんですけれど、「村瀬さんちに行ったら家は木でした。木の家は暖かい、いい感じがします。私も一生懸命働いて、いつか木の家を建てようと思いました」などと、その人の素直な言葉で返してくれました。

養護施設への調査とその後のささやかなかかわりを通して、どんな子どもでも、問題は問題としてきちんと見ながら、人間を信じるということが可能なのだということを再認させられました。いまは、ほかに三カ所くらいの施設のお子さんを、ほんの少しですけれども、お招きしております。

また私は地方に行ったときに、時間があるとそこの養護施設を見学させていただくということをしてまいりました。一〇カ所くらい伺いましたでしょうか。ですから、養護施設でのお仕事のご苦労というのは、ほんの垣間見たにすぎないのですけれど、そういう中で思いますことを少しお話しします。

基盤として求められるもの

養護施設は本来養育の場でしたが、いま期待されていることは、そこに治療と、さらに教育もしなくてはならない、非常に総合的なことを期待されるようになっています。教育とは一つのある基準というものがあって、それを原則として守って会得していくということが基本に求められる営みです。一方で治療というのは、すぐれて個人に焦点を合わせて、その人に何が要るかということを考えながらさまざまな方法を組み合わせ、かかわっていくのが本質です。そして一方では治療しながらも、基本的には育てていく、ただ傷とか病気を治せばいいのではなく、普通の子と同じように発達の道筋に沿って伸びるようにしていかなければならない。これらを全部総合的に必要としている子どもがいるのが、いまの日本の養護施設の特徴だろうと思います。このことを世の中はもっと十分理解してほしいと思います。

さて次に、生活をしていく日々の営みということと、こころのケア、治療的な働きとは違うことであり、治療というのはもっと抽象的な、非常に技術的なもので、あるテクニックを使ってやりとりをするものだというふうに考える方もおられるようです。しかし私はむしろ、先ほど申しましたこの三つの機能が総合的に求められる、もう一度基本から生まれて育ち直るということが必要な子どもには、むしろ日々の営みの中にこそ、本当のこころのケアがありうると思っています。だからあまり最初から細かく分化した技巧的なことに関心を向けるより、もう一度生活ということにしっかり関心を向けることが必要ではないかと思います。「いや、でも生活って言うと普通の家庭がやってるようなことで、専門的じゃないみたいだからちょっと……」とおっしゃる方もおられますが、そうでしょうか。私は何気ない日々の生活をつつがなくきちんと送るということがとても大切で、これなくして妙な技巧があって人が癒やされるとか変わるということは、発想が逆転していると思うのです。このあたり、フロアのみなさまの率直なご意見をうかがいたいのですけれどいかがでございましょうか。

発言者A　定年を前にして、日々の営みの中でこそ子どもがむしろ育つんだ、ということをいま悟らされました。一緒にご飯を食べて、一緒にお風呂に入って、一緒に寝ること。そういうことが大切であり原点であるということ。専門性の向上と言われていますけれど、私たちは何か、自分の人間性を高める、改めて感性を磨くということを、子どもから言われている気がします。今日、先生のお話を聴いていて、そうことを感じました。

発言者B　日々の営みの中にこそ人間教育の基本がある、という先生のお話はとても賛成できます。それでは、どういうことを専門的と言うのかという問題があると思うんです。私は、家庭の中でお母さん、女性が担っている日々のいろいろな営み、まあそれは男性もかかわっていると思いますけれど、そういうことがわりと軽く扱われてきている歴史というのが結構あるように思います。子どもを育てるための仕事、洗濯物をたたむとか干すとか、掃除とか、そういうものは雑用という範疇の中に片付けられてしまいます。施設の中でも男性職員、とくに福祉関係の大学を卒業してくる職員なんですけれども、それは雑事だから誰かに任せて、自分は子どもとの直接的なかかわりをしたい、というのがよくあるんですね。じゃあ、そういうその生活の技術を身につけるべきものは誰がしていくのか。それこそが生きるための力であって、休み時間に遊ぶとか、相撲をするとか、トランプをするとか、そういうようなことしか子どもとの触れ合いとは思ってないんですね。まあそれも含まれますけれども。その日々の営みとは、生活をしていく上での技術だから、それこそを教えるのが専門職だと思ってほしいと私はいつも思っているのですが、なかなか納得はしてもらえずにおります。そのへんの感じ方とか重要さを、施設の中だけでなく社会全体で認識してもらえればと私は思っているんですけど。

私は、そうしたことはむしろ雑事ではなくて、生きていく上でいちばんベースになるものだと思います。

いまのことに関連してですけれども、よく共感性とか人の立場に立つと言いますけれど、たとえば一緒に食事をしていて大鉢に盛られたおかずを順番に取っていくときに、いかにも取り残しというのを回すのではなくて、自分がとって空いた穴のところをさりげなく埋めて回すといったことが、人への思いやりを育てるのだと思います。私はそれを何か、すごく人工的な状況を使って、たとえばおもちゃを使って演じながら教えるよりも、ごく日常的なことから身につけていく、私が言った日々の営みというのはそういうようなことです。

あるとき、苛酷な環境で育ったある統合失調症の青年が家に遊びに見えました。私が開けた箪笥《たんす》の中に、ほかの患者さんがお土産にくださった温泉地のペナントがあったんですね。それがちょっとけたたましいデザインでしたので、壁には貼らないで、しかし捨てるというのはとてもできることではなく、その人の大切な気持ちだと思って中に入れてあったものですけれど、それを見てぱっと引き出して、「これは先生の趣味じゃない。何故こんなものが入れてあるのか」と問われたのです。私がいま申しましたような説明をしますと、「うーん」と考えて「それが人の気持ちを考えるっていうことなんだね」と言ったのです。私はそういう何気ない立ち居ふるまい、暮らし方といったものの中から伝わるもののほうが、実は効率よく確実に根付いてゆくと思うのです。

では専門とは何かということですけれど、私はそういうことを公共性のある言葉で要約して表現したときに、「このことは、たとえば具体的な行為で言うとこういうことだな」と、ある種のさまざまなバリエーションである具体的な行為を、まず公共性のある共通感覚で理解できる言葉にしながら、簡潔明快に表現し、共有していけるような力をつけることだと思います。そういう意味では、勉強は非常に必要です。決して本を読まないほうがいいとか、講習会は要らないと言っているのではないです。おかしな演繹的な態度になるのではなくて、こういう臨床の場はすぐれて帰納的に、現実の行為を大切にしなくてはならないというふうに思います。

今日の午前中に発表された先生が「心理の先生が定期的に面接して聴くことよりも、むしろ生活担当の職員が暮らしの中で、子どもの気持ちを深く聴いていくほうが…」と小さい声でおっしゃいましたけれど、本当はそうではないでしょうか。私も養護施設に行って「今日は時間にゆとりがあるので、もしお役に立てば子どもが寝つくまで枕もとでお話しして、寝ついてから帰ります」と子どものそばにいて、「ああもう寝たかな」と思って電気を消してそーっと帰ろうとすると寝ていなくて、そういうときにふと「私のお母さんて、どんな人やろ」と質問したりするんですね。その人にとって大事な話というのは、その人の時間が熟したときに、その人がこの場所で、この人に問うてみたい、そして自分の中で確かめたいというものだと思います。

臨床の仕事というのは子どもから「選ばれる」ということですね。それでは若いと無理かと言うと、決してそうではなくて、若さのフレッシュさにはそれはまたそれで「あなたはこういうことに覚悟をもって向かえますか」と、テストと挑戦を兼ねて子どもは本音をぶつけてくれます。それから経験が五、六年と少し中堅になり、わりと手慣れてきてマンネリの「マ」くらいになりかけのときに、そうはさせじと子どものほうがまた常に新鮮な気持ちで課題をぶつけてくる。そういうふうに、子どもはいつも問いかけてくると思うのですね。

私は何か特定の状況で人工的にしつらえてそこで聴きだすというよりも、その子が選ぶその場所で、その相手に、その時を、というふうでありたいと思っています。もし担当制を決めていらっしゃるような施設ですと、そういう話はすべてその担当の人にいくと想定されているかもしれません。でも、別にその担当者の個人的な資質などがどうということではなくて、たとえばその子にとって波長が合いやすいという理由で、担当でない職員を選ぶこともあると思います。そこで何が大事かと言うと、そういうお互いの間のコラボレーションというか、お互いを理解して支え合う、選ばれなかった人が選ばれた人をさりげなく支えるというような度量の深さをもつことが必要でしょう。その子がそれを見て「こんな他人同士が、しかも自分の面子が崩れそうなときに、でもあの人はちゃんと支えている、それが人間なんだ」と学んだときに、その子の不信感が変わっていくのではないでしょうか。

そして、ほんの五分でも一〇分でも、たとえば学校から帰ってきた子が何か言おうとするのに耳を傾けることが大切だと思うのです。しかし、日本のいろいろな施設の職員がどういう単語をいちばん多く発言しているかと言うと、「待っててね」が意外に多いような気がするのです。「少しあとでね」。これは本当に無理もないんですね。私はいま、成人の重複聴覚障害者の施設にかかわっているのですけれども、そこでは職員は必死になって手話や身振りで話されるのですが、仕事が多くて大変で、どうしても「あとでね」となりがちですね。しかし、本当はそういったときに、三分でもいいから目を合わせて「なあに？」と聴く相手があったら、表現することもその子なりに洗練されるでしょう。そして何よりも、自分の話を大事に聴いてもらってはじめて人の話を大切に聴ける人になるのではないだろうかと思うのです。施設のみならず、今日の子どもたちは、何かいつも急《せ》かされ、頭から前のめりのような生活の中にいて、一見幸せに見えるような家庭でも、実は小さいときからきちんと話を聴いてもらう経験が少ないままに育っているように感じます。きちんと聴いてもらえることが、上手に話す、そして人の話を聴ける基になるであろうと思うのです。

抱える環境を整える

先ほど雑用とおっしゃいましたけれど、私は雑用という言葉は当たらないと思います。

まさしく生活の営みの基本です。それにこころをこめて、大事に普通に暮らしていることの中から、大人と子どもの生きたやりとりが生まれ、そういうやりとりの中からの感性や思考は、その人のものとして根付いていくのではないかと思います。

あるとき、私がアイロン掛けをしていたら、子どもが傍らに来て「やらせてちょうだい」と言うので、「ブラウスにアイロン掛けするのなら、全部同じようにきちんと掛けなくても、たくさんあるときは襟とカフスと前立てだけはピシッとして、服の下に入るようなところにはしわがあっても大丈夫、背中や胸のあたりをきれいにすればいい」などと言いながらやると、「おばさん、クリーニング屋でアルバイトしたことあるの？　やらせて」と、お手伝いする気がないような子どもでも始めますね。また、何か繕い物をしていると、「一緒にしよう」とそばに来て、それをしながら話しはじめたりします。「おばさん、子ども育てたことあるの？」「あるわよ」「楽しかった？」「楽しいときもあるけれど、難しい。考え込んだり悩んだり、心配したときもあるし」「ふーん」「あなたどう思ってるの？」「私は子どもを大事に大事に育てていく。だけど結婚は絶対したくない」などと、その子がもっている家族についての考えや、大人になってどう生きたらいいかモデルがなくて迷っているという話をするのです。アイロンを掛けたり洗濯物をたたんだりしているときなどに、かえって大事な話をするわけですね。もっと何々の理論に則ったものや、何々の技法についてのお話を期待されている方には、このような話はそぐわないのではないかと恐れますけれど、「抱える環境」というような概念があるのですね。どういう要因があってはじめて抱えることが可能になるのかといったことを考えていますと、実はいま申し上げているようなことになると思います。

存在を基本的に否定されたような暮らしをしてきた子どもにとっては、施設に入ってもう一度こころが生まれ直すというような体験、そして自分は愛されるに値する存在だという実感をもつことが大事だと思います。たとえば、はじめて入所してきたときに、「これがあなたの部屋です」「机です」などと最初に伝えますね。施設に伺ってこんなに開きがあるのかとびっくりしたのですが、学齢期になった子どもが、まだ自分一人の机を持てないところもあるんですね。かと思うと、一方で非常に立派なところもあります。それはそれでいろいろな事情があると思うのですが、あるケースカンファレンスで、その子どもは時間割をちゃんと調べず、荷物を全部ランドセルと手提げにパンパンになるまで入れて毎日運んでいて、だらしがないという話を聴きました。それだけ聴くとその子はとてもルーズだと思えるのですけれど、その子の暮らしている状況はとてもスペースが少ないのです。一方、いまの学校は私が小学生だった頃に比べると、勉強道具も含めて持ち物が多いですよね。そこで、自分のスペースに持ち物を置いておくと、どうしても隣の子の物と入り混じってしまうので、かえって紛らわしくなる。それなら一式全部詰め込んで持っているほうがいい、と。それは、その子だけの考え方やふるまい方の問題ではないわけです。つまり、物事は全体をよく考えながら、そこで問題になってくる焦点の性質を見ないといけないということです。

たとえば、はじめて施設に入ってきたときに机の上に花を添えてあるなど、たとえ質素な場所であっても質素なりに、こころをこめて住まいの空間を使っているかどうかというようなことが、子どもにとっては「自分は待ち望まれていて、大事な子どもだと思われているのだな」というメッセージになるのではないでしょうか。

ある乳児院の園長先生が、字が読めない子どもに自分の肌着がわかるように、その子の色を決めて、その子の持ち物にはすべてその色のリボンを縫いつけられました。このような工夫をいろいろしていくことが大事なのではないかと思うのです。集団でいるときというのは何か平均化して、マスとなりがちですけれど、みんなで共有する喜びを味わいながら、自分一人にきちんと焦点が合って、大事にされているという実感が大切だと思います。それがあってはじめて人と協調していけるわけです。たとえば幼児だったら、折り紙で何か折ったものを一つ、その子の引出しにつけるなど、さりげないふるまいの中から伝わるということを大事にすることです。それが生活の中の育ち直りと治癒ということの要因だろうというふうに思います。

次に、自立と保護のバランスについてですけれど、人とかかわる営みというのは、たいてい矛盾したことをその都度考えながら決断しなければならないから難しいわけです。いずれは自分の力で生きていくということを考えると、あまり過剰に手出しをしないほうがいい、指示をたくさんしないほうがいい、という理屈も成り立ちます。しかし一方では自立心が育たないからという理由で早めに手抜きをして、楽をしたいがために十分な保護、配慮がなされないというようなことが、最近の一見恵まれた家庭に見られる気もします。

養護の仕事の特質とは、いつもバランスを考えること、この子にとっていまは少し保護のほうを多くする、などと常に保護と自立という対立する二つの命題が、いろいろな局面につきまとうわけです。ここをきめ細かに、個別化して考えていくことが必要ですし、そのためには、やっぱり的確なアセスメント、その子がどんな素質をもっていて、いまの時点でいちばん大切なことはいったい何だろうかという、いわゆる見立て

をすることが必要になります。

　出会う子どもたちはどうしてもいろいろな問題をいっぱい抱えて入ってくる、それを見ると、どれも全部気になることばかりです。そういうときに、あれもこれもというのはいささか無理があります。まず自傷他害の恐れに直結するようなことはやめる。そしてその子が少しでも着手できそうなことを、この一週間はこれとこれ、次はこれとこれ、というふうに、あせらずに継続していくことです。その結果として少しずつステップが上がっていくものだと思います。その意味でも、身体的・知的・情緒的にその子は本来どういう素質をもっているのか、その素質のわりに発達はどれくらいで、生育歴や家族歴、あるいはそれまで暮らしてきた場所がどんなところで、この家族が周りの人からどう見られ、どんなふうなやりとりの中で生活していたか、その子自身が自分がこれからどうなっていきたいと思っているか、その子自身の中にある将来への展望などを捉えることも必要でしょう。

　非常に辛い状況にある子は、将来なんておぼつかないというのが大方ですけれども、そのあたりを的確に考えていくことが必要だろうと思います。

　本当の見立てというのは、その人の治療が終わったときにできる、と言われているくらいでして、はじめの段階でこうではないかということは、実は後からもっと違う事実が出てきて変わっていくわけです。換言しますと、いつも私たちが目の前の子どもについて知りえている、こうだなあと思っていることは仮説であって、仮説というものはいつも修正されて変わっていくものですから、断定的とか思い込みではなく、いつも少し自分の考え方に開かれた余地を残すということが大切でしょう。実際はどう考えたらいいかなあ、わからないなあというのを抱えながら仕事をするというのは、何か落ち着かないですね。しかし臨床の基本というのは実はこの不確定さに耐えられること、相手を妙に断定的にこうだと思ってしまわないで、いまの自分にはこうだと考えられるけれども、でもここからはわからない、変わりうる要素がありうると、いつも開かれたかたちで理解をし、余地をもっているということが重要だと考えます。そしてそのことは子どもにとって、自分の歴史は変えていける、自分の物語は自分が紡いでいくのだ、という気持ちに繋がるのだと思います。

ブルーノ・ベッテルハイムという、シカゴ大学附属の全寮制養護学校を作られた人がおられます。この養護学校には重い発達障害や情緒障害の子どもたちが多く在籍して、相当の治療効果をあげました。彼はウィーンで生まれ育って、ウィーン大学を出たあとに、まだ一九三〇年代の終わりから四〇年代のはじめにかけて、自閉症の子どもを二人自宅に引き取って、六年間一緒に暮らしたのですね。その当時そんなことをするのは画期的なことでした。そうやって日々の生活を一緒にする中で、実は日常の何気ない営みを大切にすることによって、非常に重症な人でも変わりうるのではないか、という自分なりの手ごたえを得かけた。得かけたところで、ユダヤ人だったので、ダッハウの強制収容所に入れられてしまいます。彼は強制収容所に一年いる中で、外の社会にいたときのいろいろな地位や、経済力、輝かしい経歴をみな剝ぎ取られて屈辱の状態にあるとき、その人の人間性が早く崩れていく人と、いろいろなものを奪われても、なおかつ人としての誇りをもっていて、精神的なバランスを崩さない人がいることを見たのですね。そして崩さないことの基は、きちんとした絆をもっていることだということを悟り、彼の治療論の中心ができたのです。幸い一年で収容所を出ることができて、米国に逃れてから、先ほど申しましたような重度の障害児の全寮制の養護学校で相当の治療効果を収めたのです。ただ残念なことに、ベッテルハイムが亡くなりましてから、やはりこういう人はそう容易には現われませんで、後継者がなくてこの施設は閉鎖されております。

ベッテルハイムは著作の中で、この全寮制の養護学校のことをいろいろ書いています。その中に、暴力を振るい、物などすぐ壊す、そういう子どもたちには普通、施設では日常プラスチックの食器を使うけれども、自分のところでは極端に高いものは使えないけれど、割れる瀬戸物のお皿を用意した。どうせ壊す子どもだからとプラスチックの食器で食べさせることで、自分はこの程度の人間だという暗黙のメッセージに食事のたびにさらされ、そこからは自尊心は生まれないし、子どもは変わっていけないのだと言っています。このことは何ごとによらず大事なことで、決して高いものを使わなくても、同じ金額のものでも、配色がいいもの、気持ちがホッとするものを使う、そういう程よい趣味を感じさせるような状況をしつらえるというようなことも、とても大事なのではないでしょうか。

子どもに接するときに、自分の衣服をどう整えるかということも、とても大事なことのように思います。お食事のときでしたら、ちゃんとエプロンをはずして食事をするとか、ランチョンマットを敷いてちょっと気分変える、それからテーブルの真中に小さなお花を飾ってある、というような配慮をするなどの工夫も大切でしょう。もちろん言葉は大切ですけれど、言葉が本当の力を発揮するには、言葉の背景にたくさんのそういう無言のもののやりとりがあって、はじめてそれを集約した言葉が力を発揮するのだと私は思います。現代の生活というのは、背景がなくて言葉が飛び交い過ぎているのではないでしょうか。

私は精神文化というものはトータルなものでなければならないと思うのです。そういう感覚は、小学校の四年生くらいから中学生にかけて、抽象的な思考力がすっと伸びる時期にとても敏感になると思います。ある小学四年生のクラスを担当されている先生のところにクラスの男の子たちがやって来て、「僕たちのクラスで父兄会に来ていたお母さんを見ていて、いちばん顔立ちの整ったきれいなお母さん、いちばん贅沢なものを身につけているお母さん、それから別にきれいじゃないけれど感じがいいお母さんと、みんなで話し合って三人選んだらこうなった。先生もそう思うでしょ」と尋ねられたそうです。「いやー、子どもって本当によく見てますね。そういうところはすごく敏感です」とその先生は言われました。ですから、この時期にこころ遣いのセンスのある大人と一緒に暮らすかどうかというのは、とても大事なことのように思います。決して華美とか贅沢とかいうことではなくて、一緒に暮らしている人を大事に思うから、そういう身づくろいを大事にするということです。

そういうメッセージを発しながら、かつ人に影響力を及ぼせる養護施設。これほどクリエイティブで、日々を深く味わって生きることができる職場はそうそうないかもしれませんね。

被虐待児にかかわるときに問われること

それでは、子どもたちにかかわるときの姿勢として、どういうことが必要かということを少し抽象的に整理しましょう。

まずは、ものを見るときに複眼の視野で捉えるということです。どうしても単純な一個か二個のマニュアルに当てはめてものを見がちになりますけれど、尺度というのはなるべくいく通りももっていたい。そして一見したところ、粗野で、そんなにセンスがあるとは思えないような子どもこそ、実はとても繊細で、非常に緻密にものを見る眼差しをもっている。それがうまくチャンネルを見つけて行動に継続して現われていないけれども、独特の繊細なやさしさですとか、あるいはものに気づいて工夫しようというようなこころをもっている子どもがいます。こういう養護の仕事というのは、だいたいどの方も難しい子どもさんを担当されていて、気持ちは疲弊し、何か明日のエネルギーが湧いてこないような感じになりがちです。でも考えてみますと、整った容姿で、もって生まれた才能があって、いろいろなことがよくできる人を見て「あの人素敵ね」なら、誰だって言えますね。それよりは、ちょっと見たら本当に何も汲み上げるところが見つからない、「わー、大変な人」という人に、ほかの人が見つけられないことを見つけてみようとする。こんなクリエイティブな楽しい仕事はないと思うと、私は明日もあさっても活力が湧いてくるように思うのです。隠れた可能性に気づくということをもっと大事にしてみることですね。

ある統合失調症の少年が、一八歳のとき出会って三年半くらいたち、かなり病気がよくなって、簡単なやりとりならほかの人ともやれて、まあ何とか自分のペースで働けるというふうになったんですね。それまでは、突然夜中に電話してきて延々と二時間以上話をしたり、いろいろなことがありました。私としては言葉のやりとりも時間も、それからエネルギーもいっぱい使ったと思ったのに、彼から「先生のおかげはとても大きいけど、でも何がよかったかと言うと、一緒に行動したことだ。話したことは忘れるのに、一緒に行動したことは残る。ものごころついてから自殺ばっかり繰り返し、希望がなかったのが、何故生きていこうかと思ったかと言うと、病院の食堂でみんな気持ち悪がって自分の周りに座らなかったのに、村瀬先生は本当に普通に、何にもないように傍にいて、一緒にご飯を食べたから」と言われて、私はびっくりしたのです。彼の言葉は、人間としての営みを共にして伝わることのほうが、確実に相手に残っていくということを教えています。

私はあることをきっかけに、聞こえない上に、知的な障害、もしくは精神疾患、統合失調症やてんかん、あるいは視覚障害の方々ばかりがいらっしゃる、中高年の方が多い施設にかかわりをもちました。そこは人手もなく、入所している方々は不安なときなどに独特の音声を出されますので、家族も一緒に住めない、地域の人も家に置いていては困ると言うので、お正月も帰れない方々もある、というような施設です。本人がそもそももっているハンディに加えて、家族的、地域的な背景も恵まれないという方がおられます。その中で、生まれつき聞こえない上に、一〇代の後半に次第に視力を失って、二〇歳近くに完全失明されたという方がおられました。ご自分は聞こえないと言っていらっしゃいますけれど、昔、話していたのを覚えておられて、一生懸命話されます。視力があった頃、簡単な文章を書かれていたので、私が掌にひらがなを書いてやりとりしています。これは非常に難しいのですが、その方についてのわずかな予備知識や、いま、ここの施設で最近どんな行事があって、みんながどう暮らしているかということを繋ぎながら、だいたい、こういうことかなと想像しつつお話をしていきます。掌にひらがなを書くときに、同じ一つの字でも力を入れるところと抜くところがありますね。でも、自分で目をつぶって掌に書いてみると、メリハリがきいているとかえって読みにくい。また同じ単語でも、促音便の小さな「つ」がなかなかわかりにくい。ですから、そうしたやりとりの中で、もっと他の表現はないかとか、自ずと言葉についてずいぶん考えさせられました。

年を取って世話になるだけで、恥ずかしいことばっかりで、生きている意味がないというようなことを訴えられる方は何人もいらっしゃいますが、加えてその方は本当に苦しいことばかりの多い人生で、ありきたりの慰めをするのは何か失礼なことですし、しらじらしい。その方は、そういう生活の中でも、少しでも自分でできることをしようとされています。私は、その生きることへの努力は本当にすごいなあという尊敬の気持ちを抱えながら、その人とやりとりしています。そして「今日までこのようにこられたことを私はとても偉いと思います」などとゆっくり書いたりしました。そのうちに、苦い思い出ばかりの中に、本当に一つ点のような小さなことを思い出されるんですね。私は他人ですし、そんな苦労しておりません。ですから、その方と同じようにはわかるわけではないですけれど、語られる思い出を、こうなんだろうなあと思い描きながら、掌に字を書きつつ手を繋いでいますと、何かその方が内側からふっと気づかれて、「私がこうやって生きているのは、たくさんの人のおかげだというふうに思う。世話になってばかりというより、世話をされてるそのことに、これからたくさんの感謝をこころからする。『感謝する』という仕事があることに気がつきました」とおっしゃるわけです。その方は、母親に早く死に別れ、経済的にも家族関係でも恵まれない、しかも身体に障害があるという方です。幼少の頃、生前のお母さんが、ひょっとしてどこかで耳が聞こえるようになる可能性はないかと、乏しい経済の中からその人の手を引いて耳鼻科に行かれた。あとは何にも思い出せないけれど、そのときの掌の感触を思い出したのですね。それで、ふっと気持ちが変わられて「自分のすることは感謝することだ」とおっしゃったのです。

人を理解するときに、ちゃんと筋道の通った因果関係で説明がつくようにその人の歴史を考え、それによって問題行動を解き明かすということ、それは基本であることには違いありません。しかし、やはりその人の時と、その人の話題、そしてその場所と相手ということを考えて、ときには、ここのところはどうなっているのかなあと思うようなことを空白に残しながら、やがてその人がその時が来たというふうにその空白を埋められるのを待つことが、長い過程の中で傷を癒やし育てていくという養育にとって、非常に大事なことではないかと思うのです。生活史や個人史は、その人が必要な時に、その人が受け入れられる程度に、どう扱うかということが大切なわけです。

これに関連して考えさせられたのは、施設に送られてくる児童相談所の記録からです。ある施設の園長先生がおっしゃっておられましたが、それを読むと打ちのめされるようなことだけが列挙してあり、どうしたらいいかという手立ての記述が乏しい。若い職員はそれを読んで、「こんな大変な生活してきた子どもに私が会っていいんでしょうか」と元気がなくなる。しかも記録は非常にボリュームが多くて、こんなに忙しいのに読むのが大変だということでした。そこで送られてきた記録をB４一枚に要約して書き直すようにしたというのです。それは大変なロスでもあります。こうした親で、不幸は三世代にも四世代にもわたっていて、こんなことがあってここでこういうことをして、だからこの子はこうだということを、非常に鮮やかに解説して終わるよりも、なじみのなかった子どもが今日入所して暮らしはじめるという状況に対してどうするかです。とにかくぐずぐず泣いたら、この子はこういうものがとても好きで、これを食べてこんなやりとりをしたら気分が少し落ち着きましたとか、何か一行でもそういうことが書いてあると、そこからその子どもが癒やされ、変わっていくことの始まりになるのではないかと思うのです。

私はむしろ、個人史を明確にしようとするよりも、語りえない、あるいはそれを思い出すことが辛いその人の、あるうつろな部分を一緒に大事に抱えて時間を待つ人があるときに、その人はそれを埋めていけるのではないかと思うのです。因果関係の解説というのは、それを知るとそうだなと思えるのですが、よくよく考えるとそれはこちらが安心するための理屈付けではないかと、ときどき思うことがあります。もちろん、生育史の理解は援助方針を立てる資料であるには違いありませんけれども。

私は、若い人と勉強しているときに、理論で何々であるという解釈や意味付けをしたあとに、それではそれを、どういうところから始めていくかという具体的な行為の展開が生き生きと浮かぶことが大切であるとよく申しています。それがすぐ浮かばない、「それがどうした」という下の句がつくような解釈は、ほとんど意味がない。ですから「それがどうした」がつくかつかないかを確かめてから書いたり言ったりするようにすれば、次にどうしたらいいかということが思い浮かんでくる力がつくのではないかと申しています。

過去の痛手を振り返ってもう一度自分がそれを捉え直すということは大事ですけれど、捉え直すだけの自我の育ちができていて、しかもその共同作業をする人が確かにあって、その場がそういうふうに整っているときにはじめて、その経験は自分の中に別の意味合いをもってきちんと振り返ることができるのです。雨だれがポトンと落ちる必然性があるように、「ああそうだ」というふうに扱うべきではないでしょうか。「こういう相談をするときにはだいたい生育歴っていうのが大事で」「このへんがすごい大きなトラウマで、それが結局こういうかたちで自分のあるベースを作っていて……」と全部解説してくださる方が時々あります。でも、何か理屈付けのようなところに思考がぐるぐる回りしているようで、それはあまり生産的ではない。人の話を聴くときにそうならぬようにすることが大事で、またそのためには待つことができるということが大事です。その個人が本当にそれを受け入れられるかどうかに対して極めて敏感であることのほうが、何があったのかを上手に聴き出すためにエネルギーを使うより大事な気がいたします。

施設の子どもたちの示す行動は、ときに憎まれ口であってもそれは自分の表現です。それは子どもの力であると同時に、ぱっと会ったときにその人の受け皿の度合いをはかり確かめようとしているのではないでしょうか。スタッフは、自分自身を見つめ、自分の人生はそれなりに意味があって、生きるということの楽しさ、喜びというものを素直に抱いているかどうかを正直に振り返っていることがとても大事です。

それから必要以上にこちらが感情的に駆り立てられてしまうような子どもというのは、どこか自分が触れないようにしている、自分の未解決の問題を、その子の行動が引きずり出していることが非常に多いと言ってもいいかと思います。ですから子どものことを理解していこうということと並行して、いつもどこか少し醒めた気持ちで、素直に自分のことを見つめるということが大切です。これがあってはじめて、子どもは「この人は妙に決めつけや独断でかかわるのではなくて、自分と一緒に変わり、考えていこうという人だ」と思うのではないでしょうか。そういう意味では、専門家は、最新の知識や理論に対して意識的で、そういう勉強を怠らないことも大事ですが、一方で、毎日自分が淀まないで新鮮な自分であるかどうかと自問することが大切なのではないでしょうか。このことは大人とかかわるとき以上に、子どもに会うときには必要なことのように思います。

淀まず新鮮であるための一つの方法ですが、その子どもの記録を、たくさん書くのは忙しくて大変ですけれども、いちばんやりとりに苦労したようなある出来事を用紙の三分の二くらいに線を引きまして、一方にそのやりとりの事実を書く。そしてもう一方に自分がそのとき思っていたこと、書き終えて思っていることを書いておく。それを少なくとも二、三カ月、もう忘れてしまってつまびらかに思い出せないくらいになったときに、最初の事実の記録を読み、いま自分はどう思うかを自分に問うてみる。自分のある局面の行為を、忘れた頃に何回か繰り返し仔細に見る。勉強会に行ってほかの人からいろいろ言われることも大切ですが、そうやって自分に問うことによって、気づく力、考える力の深まりが得られます。

また、以前より気がつかないときがありますね。それは自分が「最近、ボルテージが下がっていて、全体に感度が落ちている」というセルフモニターにもなります。今日の自分が受け入れられる程度に人間は意識化するわけですから、自分で気づいてゆくということはとても大切だと思います。また地方の方とか、忙しくて会議や研修などそうそう行けないというような方も、いまのような方法は一人でもできる、確実に自分の力量が上がる方法ですね。

午前中のお話の中に、笑い声がないような施設では子どもが成長・変容できないという話がありましたが、そのとおりだと思います。笑いがあるということは、お互いが認め合い、助け合い、補い合うということを気張らないで自然

にできて、自分をそのまま伸びやかに出しているということだと思います。だから管理職は、職場がそうなるように器を整えることに力を注ぐ度量が必要です。そういう方が少しでもふえるよう、ひそかに祈っています。

そして、「さあこれから会議をします」と会議室で記録を広げてやるフォーマルな話し合いも大事ですけれど、洗面所で手を拭きながら「実は……」というほんのちょっとした数分のやりとりの中で、むしろ率直に自分の着想や迷いを言葉にし、またひと言何か励みになるコメントが返るといったことも、なかなか大事なことのような気がいたします。いま、世の中はどんどん専門分化していって、普通のことでもあえて細分化した理屈で言わないと価値がないように思われがちですが、私は、インフォーマルなやりとりを活発にする場であるようにこころがけていると、職場の雰囲気はずいぶんと和らぐのではないかと思います。

最後に、子どもがひそかに「ああいう大人はいいなあ」と思えるようなモデルがあるということは必要だと思いますが、一方で、よき子どもらしさ（childlikeness）を職員がもっていることが大切だと思います。健康な子どもというのは、いろいろなことに生き生きと興味をもって、とても活力に満ちています。多くの意味で依存しなくては生き延びられず、しかもこれからどうなるかわからないという、とても不確定な状況の中で、生き生きとしていろいろなことに関心をもてる。子どもと一緒に暮らす大人は、いくつになってもこの健康なchildlikenessをずっともっていることだろうと思います。あんまり分別の塊とか、当為の塊になりますと、正しいことを正しく言ったからといって、相手には正しく伝わらないという、何か笑っても笑えない悲喜劇になります。子どもと一緒にいるときの大人に求められる大きな要因の一つは、このよい子どもらしさを、成人としてのモデルになるような成熟と同時に併せもっているということだと思います。これはとても矛盾したことですけれど、それが私たちの課題であり、それを本当に一人の人の中に具現化しているのが、本当の意味でのプロフェッショナルだと思うのです。そして、そのことは子どもがいちばんよくわかって、そういう人を選ぶのではないかと思います。

質疑応答

今日は大人に求められるいくつかの要因についていくつかお話しして参りました。何かご質問があればどうぞお願いします。

――学級崩壊にいたるような逸脱行動をする子どもがおりまして、学校からいろいろな指摘や要請を受けることがあります。中には保護者の苦情を、先生は直接おっしゃらないのですが、後ろのほうから聞こえて、責められている感じもあります。私たちは子どもを預かって養育しているという一面と、学校に子どもを預かってもらっているという一面がありまして、どのへんで折り合いをつけたらいいのかという、悩みを非常にもつのですが。

そうですねえ。現実の問題として、学校の先生方ご自身も、疲弊感をもち自信を失っていらして、余裕がなくなっているような気もします。養護児童の子どもたちが小学校高学年くらいになってくると、いろいろなハンディを人生のはじめから多く担ってきたような自分は、いかに努力しても先行きはかなり閉ざされていて、どうやら親が歩んだのと同じ道のりになりそうだということを意識的・無意識的に感じはじめます。だけど、それをはっきり話してどうにかできるようでもなく、茫漠と突き上げてくる不安にとらわれる。大人になるのは遠い先のことだと思っていたのが、どうやら自分の体は大人になり、でも大人になっても自分の生活は閉ざされたものになりそうだという、もやもやとした不安をもつ。しかしそれは逃れることのない自分の課題だと感じはじめたときに、学校へ行けなくなったり、行けば行ったで、それならほかの子も一蓮托生、一緒に引きずりおろしてやろうというような気持ちに時としてなるのでしょう。ですから、一つには、そういう個々の子どもの喉もと一枚下の、言葉になりきらないでいる気持ちを、その子に即して言葉にして、思いを汲み取るようなやりとりの上で、それはいけないという現実的な制止も必要でしょう。もう一つは、みなさんがたとえば保護者会などで、養護の子どもの言葉にならない真実のけなげさとか、その子に直接かかわるわれわれのみならず、広い世の中の眼差しが大きな力になるというようなことを、アピールなさってはいかがでしょうか。それは先生やほかの保護者にとっても、大切な気づきの機会になるような気がします。養護施設の多くの先生は保護者会などにいらしても、わりとそーっと控えめにしてらっしゃるんじゃないでしょうか。私はこれからいい意味でのアピールをなさることも大きな役割ではないかと思います。

——午前中の話にありましたが、子どもたちは施設職員を「○○先生」とか「○○さん」などと呼んでいますが、呼ばせ方がどのような意味をもつか、おうかがいできればと思います。

この呼び方について施設に伺うようになって、私はとても注意を引かれたのです。職員をどういうふうにお呼びになるかは、その施設が基本的に方針としてお考えになるところから出てくるので、私が画一的なことを申し上げる立場にはありません。「お姉さん、お兄さん」とお呼びになるところが、五、六年前には日本でいちばん多いと聞きました。私は、施設にかかわりをもつ前、まったく関係なく外にいた頃は、ボンヤリと「先生」って呼ぶのかなって思っていたのですが、「子どもたちにとっては学校に行っても先生、帰っても先生、先生だらけで休まることがないから、先生とは呼ばない」と言われて「それもそうか」と思いました。私は、もう五〇歳を過ぎた方もお姉さんお兄さんと呼ばれることに、最初はちょっとびっくりしたのです。でも、距離の取り方としたら、ママとかパパというのは子どもからすれば、イコールではないのにという気持ちも起きてくるでしょうし、いつか家庭復帰するということを考えて「あなたにとっていちばんの拠り所は家族です」というメッセージであるという意味では、「先生」も妥当なのかなとも思います。しかしそこは、その施設が大舎制なのか小舎制なのか、大舎制でも子どもの人数がどれくらいか、またはその地域の文化とかいろいろなことによって呼び方が決まると思うのですね。ニックネームもよいと思うのですけれど、物事にはメリハリが必要だと知った上でニックネームで呼ぶということが大事に思います。浅くべったりした親しさと、深く的確な理解は似ているけれど違うんですね。やっぱりどこか大人の中に畏敬を感ずるということは、子どもが育っていくときには必要欠くべからざることです。親しみをもってニックネームで呼ぶけれど、きちんと大事な話をするときには「先生」と呼ぶなど、折り目があるというか、けじめをつけるということもお考えになるとどうかなあと思います。

——児童養護施設は基準定数六対一ですけれども、実際には二四時間を八時間で割りますと、一八対一というような忙しさです。そういう中で子どものこころを汲み取るどころか、そういうことがまったくできない忙しさの中でこころをフォローしていくわけです。職員は疲弊していて、どうしたらそういう状態から抜け出せるんだろうか、と日々思いながらいるのですけれど。

ある学校の先生が、とても忙しい中で自分のクラスの子どもに五分間タイムというのを用意されて、二〇分休みと給食のあとと放課後一五分くらいを毎日割いて、クラスの子どもに、その五分は先生を独占できるという時間を作ったのです。先生は大変ですけど、そうすると緘黙《かんもく》のようだった子が話したり、非常に反抗的な子どもが五分間の間に先生の腕時計をのぞき込みながら、「お父さんは商売が失敗して、夜中にお母さんとけんかしていた、先生どうしよう」と話しはじめ、五分たって「でもいい、先生に言えたから」と言ったそうです。登校途中で拾った蟬の抜け殻を見せて過ごすだけで、納得した子もいたそうです。ちょっと時間が惜しいなあと思いながらも、結果としてクラスが集中して、聴くときは聴く、遊ぶときは元気に遊ぶようになったそうです。

それは要するに、短い時間をどう工夫するかでしょうかね。たとえば買った絵葉書よりもその子の好きだと思う動物の絵をちょこっと描くとか、手作りというのは子どもたちはとても好きなように思います。上手下手に関係なく、自分の気持ちをどう伝えるかというチャンネルを、いつも気持ちをフレッシュにもって、工夫しながら生きることだと思います。そうやって一生懸命考えているほうが、「疲れたー」と思って座り込むよりは、少し疲れが少なくなるんじゃないでしょうか。

（注）　この章は、児童養護施設専門職員の方々のための研修会でお話しした内容に加筆修正したものです。

あとがき

深夜、Ｆ１レースをＴＶで見ると何かとらわれていた疲れが和らぐような心地がする。レースを終えて表彰台に立ち、拍手を受けるのはドライバーである。もちろん、一流といわれるドライバーはいろいろな意味で素晴らしい人物である。理屈抜きに魅了される。だが、一方でピットインの一瞬にマシンを調整し終えるメカのグループの技術は魔術的にすら感じられる——大変な修練の結果の技術とチームワークの所産なのであろう。そして、マシンを黙々と開発するエンジニアの人々、技術的な課題をクリアするに加えて、開発費をいかに合理的に抑えるか、経済的な現実原則をも考慮に入れなければならない……、素人の想像だがそれぞれに大変なご苦労だと思う。液晶画面上の一瞬、息をのむコーナリングと追い越しに視線を凝らし、疾走するマシンの爆音を聞きながら、一方で私は画面に現れない背景の諸々、その意味を想う。スピード、質、量、人の和、がキーワードとして浮

かんでくる。すると自分の辛さなど、砂粒にも相当しない、と思われてくる……。

ハイライトが当たる焦点は、実は、背景つまりそのポイントを成り立たせている全体状況によって支えられている。これは視点を変えればすべてに通底している。私の専門である心理的援助など、まさしくしかり、である。人はさまざまな人や事との出会いによって、慰められたり、成長の契機を得たりしている（もちろん、逆の場合もあるが）。心理的援助とは、そういうさまざまな事や人との出会いを、クライエントが意味あるものとして自分のうちに取り入れ同化統合していかれるように、傍らにあってそっと手助けすることなのだ、と平易に表現できると思う。このことをこの書物を出すに際して、改めて痛感した。

まず、一部には書き下ろしもあるが、再録をお許し下さった初出の版元の方々にお礼を申し上げたい。

編集部の渡辺明美氏は、戸惑っている私に代わって、本書の中にある流れが生まれるように章立てを考えてくださった。「こんな文章、こんな考え方……、どうなのでしょう」と迷う私を何時も励ましてくださった。とりわけ「いのちとしての言葉」などは、私は強く躊躇ったのであるが、ドーデーの「最後の授業」など一節を諳んじておられ、「大丈夫です、大切なことが真っ直ぐ伝わってきます」と言ってくださった。

中井久夫先生に『柔らかなこころ、静かな想い』（創元社、二〇〇二）で、素晴らしい挿絵を描いていただき、それが読者の方々から好評であったので、ご健康をそこねていらっしゃることを存じ上げつつ、今回も挿絵を、とご無礼なお願いを申し上げたところ、「喜んで」とたちどころにお返事いただいた。『小さな贈り物』という題に合わせ、身辺の小物を描きました」とこのような繊細で優しい、懐かしい絵を描いてくださった。深く感謝するばかりである。

デザイナーの濱崎実幸氏は、まことに有り難いことに、前回同様文章を隅々までお読みくださり（デザイナーとして希有なことではなかろうか）、絵の配置を決め、装丁して下さった。

さらに、昨今のひときわ厳しい出版事情のなかで、こういうスタイルの書物を出版される矢部敬一創元社社長に深く敬意を表したい。

論文を書きあげたあと、そこに述べたことで尽くしきれなかったことが考え浮かんだりし、それが人目に触れるのは恥ずかしい、と私は再三ならず思うが、エッセイは自分自身がよりそのまま顕れるので、その感がさらに強い。にもかかわらず再びこういう書物を出すのは、『柔らかなこころ、静かな想い』を読んで、「夫婦は譲り合って仲良くしたい、と考え直した」「激しい暴力を振るい、久しく母子の会話の無かった子どもに、寝付くとき枕元で一章ずつ読み聞かせてくれ、と求められ、そうするうちに、状況はゆるやかな上昇曲線をたどり始めている」「自分の来し方を想い起こし、自分の人生を肯定する気持ちになれた……」など、お会いしたことのない年代や状況を異にする多くの方々がお便りくださったことによる。さまざまな出会いに支えられたことによって、私があるのであり、その一部をお伝えすることがこのような意味を持ちうることを有り難く思い、そして、今後も、書くこと、話すこと、在ることにこころしていきたい、と改めて思う。

小さくはあるが、この一書は、クライエントの方々をはじめとして、多くの方々やこととの出会いと支えによって、成り立っていることをこころから深謝したい。

平成十六年早春

村瀬嘉代子

初出一覧

小さな贈り物	書き下ろし
「いのち」としての言葉	書き下ろし
呼び名をめぐって	「刑政」一一五巻三号
音楽は長さでしょうか	「刑政」一一四巻一一号
鳴りやまぬ楽の音、鳴りやまぬ拍手	書き下ろし
逝く人からの贈りもの	「看護」日本看護協会出版会　二〇〇一年四月
一枚の官製葉書	「刑政」一一四巻七号
山中康裕先生という方を存じ上げて	山中康裕監修『魂と心の知の探求』創元社　二〇〇二年
掌に文字を綴る	「五季」二号　二〇〇三年三月
「生」の意味が問われるときに	「大正大学カウンセリング研究所紀要」二六号　二〇〇三年四月
書評『子ども臨床』	「こころの科学」九八号　二〇〇一年七月
書評『図説　日本の精神保健運動の歩み』	(財)日本精神衛生会　リーフレット　二〇〇三年
内観研究に期待される視点	「内観研究」九巻一号　巻頭言　二〇〇三年五月
ＥＢＭとＮＢＭ、そして個別と普遍	日本サイコオンコロジー学会ニューズレター三二号　二〇〇二年一一月
子どものこころに出会う	「信濃教育」一三九三号　二〇〇二年一二月
子どもの成長とこころの拠り所	「心と社会」一〇〇号　(財)日本精神衛生会　二〇〇〇年六月
発達支援に求められる学校の役割と心理的支援施設の役割	平成一四年度発達支援　第六回「心理臨床講座〜入門1」
人が生きていく拠り所と居場所	「児童青年精神医学とその近接領域」第四四巻第二号　二〇〇三年
こころの再生とコミュニケーション	『四天王寺カウンセリング講座3』創元社　二〇〇三年
こころをこめた日々の営み	子どもの虹情報研修センター紀要　創刊号　二〇〇二年

著者紹介

村瀬嘉代子（むらせ　かよこ）

一九五九年　奈良女子大学文学部心理学科卒業
家庭裁判所調査官、カリフォルニア大学大学院バークレイ校留学を経て、大正大学教授
現在、大正大学名誉・客員教授、日本臨床心理士会会長、日本心理研修センター理事長
著書『心理療法の実践』（編著）誠信書房　一九九〇年
『よみがえる親と子』岩波書店　一九九六年
『子どもの心に出会うとき』金剛出版　一九九六年
『子どもと家族への援助』金剛出版　一九九七年
『聴覚障害者の心理臨床』（編著）日本評論社　一九九九年
『柔らかなこころ、静かな思い』創元社　二〇〇〇年
『子どもと家族への統合的心理療法』金剛出版　二〇〇一年
『子どもの福祉とこころ』（監修）新曜社　二〇〇二年
『統合的心理療法の考え方』金剛出版　二〇〇三年
『聴覚障害者への統合的アプローチ』日本評論社　二〇〇五年
『改訂増補　子どもと大人の心の架け橋』金剛出版　二〇〇九年
『統合的心理療法の事例研究』（共著）金剛出版　二〇一二年
『心理療法の基本［完全版］』（共著）金剛出版　二〇一四年
『村瀬嘉代子のスーパーヴィジョン』（共著）金剛出版　二〇一五年
『心理臨床家の気づきと想像』金剛出版　二〇一五年

挿絵筆者紹介

中井久夫（なかい　ひさお）

一九三四年　奈良県に生まれる　京都大学医学部卒業
現在　精神科医　神戸大学名誉教授
著書　『分裂病と人類』東京大学出版会
『西欧精神医学背景史』みすず書房
『中井久夫著作集』（全6巻別巻2）岩崎学術出版社
『最終講義』みすず書房
『一九九五年一月・神戸』（編）みすず書房
『徴候／外傷記憶』みすず書房
『家族の深淵』みすず書房
『アリアドネからの糸』みすず書房
『いろいろずきん』（再話絵本、文と絵）みすず書房
訳書　サリヴァン『精神医学の臨床研究』（共訳）みすず書房
『エランベルジェ著作集（全3巻）』（編訳）みすず書房
コンラート『分裂病の始まり』（共訳）岩崎学術出版社
パトナム『多重人格障害』（共訳）岩崎学術出版社
『現代ギリシャ詩選』みすず書房
『カヴァフィス全詩集』（訳注）みすず書房
ヴァレリー『若きパルク／魅惑』（訳注）みすず書房　ほか

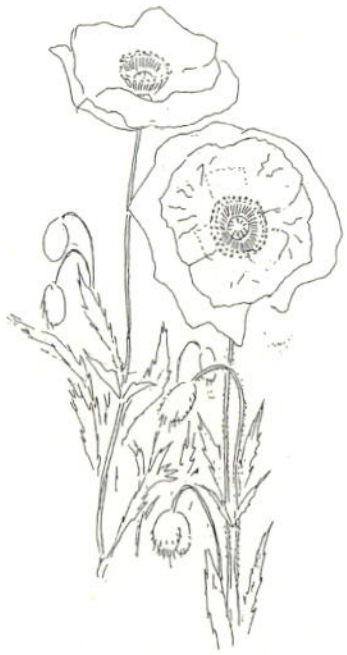

小《ちい》さな贈《おく》り物《もの》

——傷ついたこころにより添って——

2004年４月20日　第１版第１刷発行
2017年５月20日　第１版第４刷発行

著者——村瀬嘉代子

発行者——矢部敬一

発行所——株式会社創元社
〒541-0047 大阪市中央区淡路町4-3-6
電話　06-6231-9010（代表）
FAX　06-6233-3111
URL http : //www. sogensha. co. jp/
東京支店
〒162-0825 新宿区神楽坂4-3 煉瓦塔ビル
電話　03-3269-1051(代表)

印刷所——株式会社太洋社

ISBN978-4-422-11299-2　C0011　<検印廃止>